KB048893

버 킨 백
과
플 라 톤

버킨백과 플라톤

최고의 사치 인문학

지은이 | 이바로
펴낸이 | 김성실
기획편집 | 이소영·박성훈·김진주·김성은·김선미
마케팅 | 곽홍규·김남숙
제작 | 한영문화사
펴낸곳 | 시대의창
출판등록 | 제10-1756호(1999. 5. 11)

초판 1쇄 | 2014년 12월 5일

주소 | 121-816 서울시 마포구 연희로 19-1 4층
전화 | 편집부 (02)335-6215, 영업부 (02)335-6121
팩스 | (02)325-5607
이메일 | sidaebooks@hanmail.net

ISBN 978-89-5940-302-8 (03100)

이 도서의 국립중앙도서관 출판예정도서목록(CIP)은
서지정보유통지원시스템 홈페이지(http://seoji.nl.go.kr)와
국가자료공동목록시스템(http://www.nl.go.kr/kolisnet)에서 이용하실 수 있습니다.
(CIP제어번호: CIP2014032906)

최 고 의
사 치
인 문 학

버 킨 백
과
플 라 톤

이 바 로
지 음

시대의창

나의 우주,
아버지께 바칩니다.

잃어버린 행복을 찾아서

돈이 많으면 반드시 행복할까? 돈은 삶을 편안하고 풍요롭게 해주는 많은 것을 제공할 수 있다. 그러나 생활의 불편함이 없다고 삶의 모든 필요가 충족되는 것은 아니다. 인간은 편안함을 위해 사는 것이 아니라 행복하기 위해 살아가는 것이기 때문이다. 그렇지 않다면 탐험가나 수도승 그리고 자발적으로 오지를 찾아다니며 가난한 환자들을 돕고 있는 의사들은 망상가이거나 최소한 위선자여야 할 것이다.

행복은 돈이 제공해줄 수 있는 편안함과 물질적 풍요 외에도 그것과는 근본적으로 다른 성질의 어떤 지속적인 만족감을 필요로 한다. 그러나 오늘날 많은 사람들은 오직 돈만 있다면 행복을 포함한 삶의 모든 필요가 만족스럽게 충족될 수 있을 것이라고 믿고 있는 것 같다. 과연 그럴까?

세계의 부호들에 대한 기사를 전문적으로 다루는 경제 전문지 《포브스》에서는 지난 2007년, 독일의 떠오르는 갑부 아돌프 메클레를 세계에서 가장 부유한 억만장자 50명에 포함시켰다. 당시 그는 독일 최대의 유통 업체와 제약 회사 그리고 시멘트 회사와 운송 기기 회사를 소유하고 있었으며, 그의 재산은 우리나라 돈으로 약 14조 원에 달했다. 그리고 그의 재산은 빠른 속도로 늘어나고 있었다. 사람들은 그처럼 엄청난 부를 가진 사람은 반드시 행복할 것이며, 또 그에게 어떤 불행이 닥친다 하더라도 잘 대처할 것이라고 생각했다. 불과 2년 후, 회사는 커다란 재정적 위기를 맞게 되었고, 그는 달려오는 기차에 몸을 던졌다.

그와는 반대로 세계적인 아이스크림 브랜드인 배스킨라빈스 가문의 상속자 존 로빈스는 마치 오래전 인도에서 고타마 싯다르타가 자신의 왕궁을 떠났던 것처럼, 자신에게 세상의 모든 안락함을 제공해주던 모든 부를 뒤로하고 집을 떠났다. 자발적으로 시작된 가난을 출발점으로 그는 한 번에 한 가지씩 자신이 행복한 삶의 기둥이라고 믿었던 조건들을 확보해나갔다. 자연 속의 삶, 소박한 생활, 친구들, 누구에게 고용된 것이 아닌 스스로 생계를 해결할 수 있는 몇 가지 직업들 그리고 철학 공부를 통해 그는 실제로 누구나 인정할 만큼 행복한 사람이 되었다. 그리고 자신이 깨달은 행복의 비밀을 책으로 또 강연으로 세상 사람들에게 전하는 일을 또 하나의 행복으로 삼으며 살아가고 있다.

인간을 만물의 영장이라고 부른다. 스스로를 향한 망상과 아첨의 중간 어딘가에서 만들어진 것이 분명한 이 야심 찬 칭호는 사실 부정하기 어렵다. 우리는 실제로 지구의 모든 동식물 그리고 환경마저도 정복해버렸기 때문이다. 또한 눈부신 과학의 발전으로 이제 인간의 삶에서는 어둠과 추위도 그리고 한계마저도 사라져버린 것처럼 보인다. 불과 300만 년 전 처음으로 이 땅에 나타난 위태롭고 연약한 동물이었던 인간은 자신이 가진 그 뛰어난 이성의 힘으로 스스로를 위한 천국을 이 땅 위에 건설해냈다. 오늘날 인간이 이룩해놓은 이 현기증 날 정도로 눈부신 문명을 떠올려볼 때 인간은 자신이 바라는 것은 무엇이든 손에 넣을 수 있는 그런 천재적인 종처럼 느껴진다. 이 때문에 인간이 바라는 단 한 가지의 궁극적 목표가 바로 행복이라는 사실을 떠올려볼 때 오늘날 결코 행복하지 못한 모습으로 삶을 살아가는 사람들이 얼마나 많은지를 목격하는 것은 받아들이기 어려운 모순이다.

오늘날 세상은 인간의 행복에 필요하지 않은 것들 그리고 때로는 방해가 되는 것들은 과도하게 넘쳐나면서도, 정작 인간의 행복을 위해 반드시 필요하고 가장 중요한 것들은 잊혀지고 또 사라져버린 듯하다. 사랑, 우정, 걱정이 없는 마음의 평화 그리고 애정과 신뢰가 가득한 인간관계는 오직 드물게만 발견될 뿐이다. 이 때문에 그만큼 행복도 드문 것이 되어버렸다. 아이들은 나무 이름은 열 가지도 모르지만 브랜드 이름은 백 가지도 넘게 외우며, 어른들은 쾌락과 행복을 혼동하며 살고 있다. 또한 자신의 삶이 실제로 행복한 것보다 남들에게 행복한 것처럼 보여야 한다는 사실을 더 중요하게 여기며 살아가고 있다.

사실 우리는 반짝이는 명품 시계나 커다란 독일 승용차가 필요한 것이 아니라 다른 사람들로부터 존중을 받고 싶은 것이다. 옷장을 가득 채우고 있는 옷이 필요한 것이 아니라 자신이 괜찮고 아름다운 사람이라는 확신을 가지고 싶은 것이며, 새로 나온 스마트폰이 필요한 것이 아니라 삶에 흥미를 불어넣어줄 건강한 관심이 필요한 것뿐이다. 우리는 너무 오래되어 이제는 잘 보이지도 않는 과녁을 향해 백 가지 방법으로 잘못 만들어진 엉터리 활을 쏘고 있는 것이다.

철학자들과 예수, 부처 그리고 달라이 라마와 같은 현자들의 이야기에 귀를 기울여보면 우리는 알 수 있다. 행복에 필요한 모든 도구는 이미 우리 안에 존재하고 있으며, 세상은 우리가 그 도구를 사용해 행복을 지을 수 있도록 해주는 재료들로 가득하다는 사실을 말이다. 그럼에도 우리는 우리가 이미 손에 쥐고 있는 그 도구를 사용하는 법을 배우려 하지 않으며, 세상이 준비해놓은 행복의 재료들에도 관심을 주지 않고 있다.

세상에는 우리에게 행복을 제공해주는 샘이 많은데, 모두가 찾는 곳은 백화점과 인터넷 상점뿐이다. 철학은 지혜라는 고상하고 유용한 즐거움을 제공하고, 종교는 인간이 걸어가야 할 길을 보여줌으로써 삶의 목적과 방향을 제공한다. 사랑은 주는 행복이 얼마나 커다란 기쁨인지 깨닫게 해주며, 우정은 달콤하면서도 안전한 사랑이 가능하다는 사실을 알게 해준다. 책은 그 덮인 페이지 뒤로 수천 개의 우주를 숨기고 있으며, 책 표지를 열고 기꺼이 그 우주로 여행을 떠나려는 자들에게 자신 안에 존재하는 또 다른 광대한 우주를 발견할 수 있는 기쁨을 제공한다. 우리는 차분한 명상을 통해서 그토록 갈망하던 마음의 평화를 사실 너무도 쉽게 얻을 수 있다는 놀라움을 경험할 수도 있으며, 우리 안에 언제나 지니고 있던 이성의 힘을 다시 발견하여 어쩌면 삶이란 우리가 원하는 것은 모두 이룰 수 있는 천국 같은 곳일지도 모른다는 부푼 희망을 품게 될 수도 있다. 그런데도 우리가 찾고 바라보는 것은 백화점과 신제품 카탈로그뿐이다.

행복을 발견하고 누리기 위한 모든 도구는 이미 우리 안에 갖추어져 있다. 우리는 이 삶이라는 경험이 우리를 위해 준비하고 있을 행복의 가능성에 대해 보다 크고 희망적인 기대를 가져야 한다. 왜냐하면 아주 적은 수이지만, 이 세상에는 돈과 소비의 굴레에 얽매이지 않고 그 대신 자신의 내면에서 발견한 행복의 샘을 통해 매 순간 가슴이 가득 차오르는 행복을 누리며 삶을 즐기는 사람도 분명 있기 때문이다. 행복은 반드시 돈이 많아야 되는 것도 아니고, 철학자 같은 사람들만이 알고 있는 비밀도 아니다. 그것은 배울 수 있는 것이고 원한다면 누구나 누릴 수 있는, 처음부터 우리 손에 쥐어져 있던 모두를 위한 축복이다.

내면으로부터 더 많은 즐거움과 만족을 발견하고 생산해낼수록 우리에게 필요한 돈과 물건의 수는 줄어들 것이다. 그렇게 더 적은 것을 가지고 더 큰 부를 누릴 수 있게 될 것이다. 그러면 행복은 쉬워질 것이다. 그 시작은 무엇이 진짜 행복인지 또한 그것을 발견하고 가질 수 있는 방법이 무엇인지에 대한 배움이다. 우리는 삶을 통해 부단히 성장하며, 매 일분 일초는 삶을 변화시킬 수 있는 기회이다. 나이와 배경과는 상관없이 행복에 대한 진지한 배움을 시작으로 누구든 더 행복해질 수 있다.

이 책은 철학과 인문학의 도움으로 우리를 가짜 행복으로 유혹하는 지뢰가 가득한 오늘날의 자본주의 세상을 보다 지혜롭게 항해하여 결국 그 최종 목적지인 행복에 도달할 수 있도록 도움을 주기 위해 쓰였다. 행복을 뜻하는 영어 단어인 happy의 어원은 아이슬란드 고어 happ이다. 그것은 '기회'를 의미한다. 삶이란 우리가 행복을 발견하고 누릴 수 있도록 주어진 소중한 기회이다. 나는 이 책이 독자들의 삶에서 그런 작은 기회가 될 수 있기를 희망한다.

차례
___

"삶에서 가장 값진 것들은 공짜다.
그리고 두 번째로 좋은 것들은 아주 비싸다."

– 코코 샤넬

1부
—

황금의
제국

채워질 수 없는 갈증,
욕망

모든 걸 가진 남자가 슬픈 이유

깊은 슬픔에 잠긴 채 한 남자가 홀로 앉아 있었다.

모든 동물들이 주변으로 모여들어 그에게 말했다.

"우리는 그대가 슬퍼하는 것을 원하지 않아요."

"무엇이든 원하는 것을 말하세요, 우리가 드릴게요."

남자는 말했다. "나는 멀리 볼 수 있는 눈을 원해."

그러자 독수리가 말했다. "내 눈을 드릴게요."

남자는 말했다. "나는 강해지고 싶어."

재규어가 대답했다. "나처럼 강해지도록 해드릴게요."

다시 남자가 말했다. "나는 세상의 모든 비밀을 알고 싶어."

뱀이 대답했다. "제가 보여드릴게요."

그렇게 동물들을 거쳐가며 그는 모두 가졌다.

그리고 남자는 떠났다.

그때 올빼미가 다른 동물들에게 말했다.

"이제 그는 많은 것을 알고 뭐든지 할 수 있게 되었어.

하지만 난 갑자기 두려워져."

사슴이 말했다.

"이제 남자는 그가 필요한 모든 것을 가지게 되었잖아.

이제 그의 슬픔은 멈출 거야."

"아니."

올빼미는 대답했다.

"나는 보았어, 그 구멍을…

그가 영원히 채우지 못할 깊은 욕망의 구멍을…

그것이 그를 슬프게 하고 끊임없이 원하도록 하는 거야.

그는, 가지고 또 가질 거야.

언젠가 세상이 '난 이제는 더 이상 줄 것이 없어'라고 말할 때까지…"

이 이야기는 멜 깁슨 감독의 영화 〈아포칼립토〉의 한 장면이다. 어느 고
요한 밤, 부족민들은 조그만 모닥불을 가운데 두고 동그랗게 모여앉아 부
족의 가장 어른인 샤먼이 들려주는 아주 오래된 이야기를 듣고 있다. 그

것은 영원히 벗어날 수 없는 어떤 슬픔에 관한 이야기이며, 우리의 욕망에 관한 이야기이다.

행복과 불행의 재료, 욕망

—

우리는 모두 행복을 원한다. 우리가 하는 모든 생각과 행동은 그것이 어떤 형태이든 모두 행복을 향한 노력들이다. 그런데, 행복이란 무엇일까? 지난 수천 년간 이어져온 이 끈질긴 질문에 우리는 여전히 명쾌한 답을 내놓지 못하고 있다. 그렇다고 우리가 참고할 만한 의견이 부족했던 것은 아니다. 그동안 수많은 사람들이 행복에 대해 아주 많은 생각을 내놓았고, 우리는 답이 부족하여 겪는 막연함보다는 오히려 행복에 대한 너무 많은 해석들 속에서 혼란을 겪고 있는 것이다. 이런 혼란을 더욱 복잡하게 만드는 또 다른 문제는, 바로 너무나도 많은 가짜 의견들이 우리를 둘러싸고 있다는 점이다. 종종 진짜보다 더 큰 목소리를 내는 그런 의견들은 우리로 하여금 행복에 대한 올바른 그림을 그리지 못하도록 방해하고 잘못된 우선순위를 신뢰하게 하여, 우리의 삶을 행복으로부터 멀어지게 만들기도 한다. 이런 혼란들은 결국 사람들로 하여금 매일 아침 일어나 밤에 잠자리에 들 때까지 행복을 열망하며 살아가면서도 정작 행복이 무엇인지에 대해서는 묻지 않는 모순적인 삶을 살도록 만들었다.

행복이 무엇인지 알기 위해서는 우선 욕망이라는 힘을 이해해야만 한다. 담배를 피우고 술을 마시고 싶은 마음도, 새로 출시된 핸드백을 갖고 싶어 하는 마음도, 친구를 사귀고 싶은 마음도 그리고 행복한 삶을 살아보고 싶은 마음도 모두 욕망이다. 어떤 욕망은 우리를 행복으로 인도하는가 하면 또 어떤 욕망은 우리가 결코 원하지 않았던 결과로 삶을 이끈다. 인간의 행복과 불행은 우리 안에 존재하는 수천 가지 욕망 가운데 어떤 것에 귀를 기울이고 또 그것들을 얼마나 진지하게 추구하느냐에 달려 있다. 이 때문에 행복한 삶을 발견하기 위해서는 우선 우리의 행복을 위해 유익한 욕망들과 그렇지 못한 욕망들을 분별하는 지혜를 가지는 것이 필요하다.

때로는 욕망이란 한여름 모기만큼이나 귀찮은 것이다. 한두 마리를 잡았다고 결코 그 윙윙거림이 사라지는 것도 아니며, 이번 여름이 지난다고 그들이 내년 여름 다시 오지 않는 것도 아니다. 모기에 시달리는 것이 여름밤의 숙명이듯, 우리가 눈감는 그날까지 쉬지 않고 아우성치는 욕망과 씨름해야 하는 것 역시 삶의 숙명이다. 어떻게 보면 우리는 삶의 주도권을 놓고 매 순간 욕망과 전쟁을 벌이고 있는 것과 같다. 우리는 이성의 현명한 조언에 따라 행복을 향해 나아갈 수도 있고, 아니면 욕망의 충동을 따라 후회가 기다리는 쾌락을 향해 나아갈 수도 있다. 따라서 행복이란, 우리가 욕망의 정체를 이해하고 그것을 능숙하게 통제함으로써 삶에 대한 주도권을 확보할 수 있을 때에만 도달이 가능한 목표이다. 그러므로 행복이라는 그 목표를 향한 가장 현명한 출발점은 바로 욕망이 무엇인지에 대해 알아보는 것이다.

철학자들이 들려주는 욕망의 실체

철학자들이 욕망이라는 주제에 대해 진지한 관심을 보였던 적은 찾아보기 그다지 쉽지 않지만, 그래도 모두가 한두 마디씩은 던져야만 했다. 왜냐하면 철학이라는 것은 종종 인간의 행동 뒤에 숨은 동기를 이해하려는 노력인데, 많은 경우 그 동기는 욕망에 뿌리를 내리고 있기 때문이다. 플라톤은 '철학의 아버지'답게 그의 여러 편의 작품에서 욕망에 대해 언급했다. 《고르기아스》에서 그는, '욕망이란 영원히 채울 수 없는 구멍 난 물통에 계속 물을 채워야만 하는 신의 형벌'로 표현했다. 그리고 《국가》에서는 힘이 세기 때문에 유용하기는 하지만 통제하기가 어려운 말에 비유하며, '항상 이성이 그 고삐를 단단히 쥐고 있지 않으면 언제든지 잘못된 곳으로 삶이라는 마차를 끌고 갈 위험한 골칫덩어리'라고 표현했다.

그 대상이 무엇이든지 간에 가장 우울하게 그려낼 줄 알았고 또 그런 비관론을 논리적으로 설득할 수 있는 재주를 가졌던 쇼펜하우어는 인간의 삶이 지옥일 수밖에 없는 가장 큰 이유를 결코 만족시킬 수 없는 욕망에서 찾았다. 이 때문에 그는 우리가 행복이라는 것을 경험할 수 있는 유일한 방법은 아이처럼 무지해서 욕망이 가진 그 좌절의 불가피함을 모르는 것뿐이며, 그보다 더 확실한 방법은 이 비극적인 진실을 빨리 깨닫고 서둘러 자살하는 것이라고 은근히 암시하기도 했다.

니체는 욕망에는 실체가 없으며 우리는 오직 그 욕망이라는 환영 자체에 현혹되어 영원한 갈증을 느낄 뿐이라고 이야기했으며, 헨리 소로는 욕망이란 거대한 체인과도 같아 소박한 삶을 유지하는 것으로 그것을 견제하지 않으면 언제든 우리를 노예로 만들어버릴 수 있다고 경고했다. 그리고 욕망에 대한 에피쿠로스의 생각 역시 쇼펜하우어나 소로의 그것과 다르지 않았는데, 그는 육체의 욕망이든 정신의 욕망이든 언제나 한 가지를 들어주면 곧 염치없이 두 가지를 요구하며 그렇게 삶을 불필요한 갈증으로 가득 채우는 위험한 것이라고 표현하며, 절제를 통해 경계해야 한다고 각별히 당부했다.

대부분의 철학자들은 욕망이 가지고 있는 특성, 즉 영원히 만족할 줄 모르는 그 엄청난 식욕에 대해 부정적인 의견을 가졌던 반면, 욕망의 긍정적인 면에 주목한 이들도 있었다. 아리스토텔레스의 경우 욕망을 우리에게 이로운 욕망과 해로운 욕망 두 가지로 구분하고자 했다. 그는 우리에게 가장 해로운 욕망은 바로 쾌락을 향한 욕망이라고 말했다. 이들 욕망은 순간적인 만족을 주기는 하지만 결과적으로 인간의 삶을 고통 속에 빠뜨릴 것이라고 경고했다. 하지만 우리에게 이로운 욕망, 즉 미래를 염두에 두고 더 훌륭한 사람이 되고자 하는 욕망은 무엇보다 추구해야 할 욕망이라고 주장했다. 그는 이 두 번째 욕망이 비록 쾌락처럼 격정적인 즐거움을 제공하지는 않지만 지속적이고 신뢰할 만한 평화를 제공하며, 인간을 올바른 방향으로 성장하게 하고 행복한 삶을 성취하도록 도와주는 원동력이라고 설명했다.

아리스토텔레스처럼 욕망의 긍정적인 측면을 찾아보려고 노력했던 또 다른 철학자는 스피노자이다. 그는 인간과 돌멩이를 포함하여 세상에 존재하는 모든 사물 속에는 신성이 존재한다고 믿었다. 그리고 그 신성은 각각의 것들이 스스로를 파괴하거나 그 존재적 가치를 상실하지 않도록 보호하는 역할을 하고 있다고 생각했다. 스피노자는 욕망이란 바로 이 신성이 드러나는 하나의 표현으로, 인간이 자신의 존재를 성장시키고 강화하려는 자연스러운 의지로 보아야 한다고 설명하며 욕망의 존재를 긍정했다.

비록 사용하는 언어나 표현의 방식에서 서로 조금씩 차이가 나기는 하지만 욕망에 대해 고민했던 철학자들의 의견을 종합해보면 적어도 두 가지 보편적 믿음을 발견할 수 있다. 한 가지는 플라톤이 이야기했던 것과 같이, 그것이 마치 밑 빠진 독에 물을 붓는 것처럼 영원히 만족될 수 없는 무엇을 만족시키려는 노력이라는 점. 그리고 다른 한 가지는 그것이 우리의 본성 깊숙이 뿌리박혀 있는 본능의 힘이라는 점이다. 그리고 한 가지 덧붙이자면, 욕망은 비록 다루기 까다롭기는 하지만 중립적인 힘으로서, 그것에 대한 우리의 태도에 따라 때로는 우리의 삶을 불행으로 그리고 때로는 행복으로 이끄는 원동력이라는 점이다.

곤란한 상황

—

만약 욕망이라는 것이 철학자들의 의견처럼 우리의 본능이며, 그래서 그것을 완전히 떨쳐버리거나 무시하는 것이 불가능하다면 우리는 꽤 곤란한 상황에 놓여 있는 것이다. 게다가 그것이 영원히 만족시킬 수도 없는 것이라면 상황은 더욱 난감해진다. 하지만 우리는 아리스토텔레스가 설명한 두 번째 욕망, 즉 우리에게 이로운 욕망을 떠올릴 필요가 있다. 다시 말하면 모든 욕망이 나쁜 것만은 아니기 때문이다. 그의 설명처럼 우리 안에는 분명 우리에게 이롭고, 우리를 성장시키고 또 그래서 우리의 삶을 행복으로 이끄는 좋은 욕망들도 있기 때문이다.

만약 당신이 지금 빨리 잠에 빠지기 위해 이 책을 읽고 있다면 그것은 어쩌면 매우 훌륭한 선택일 수도 있지만, 결코 바른 욕망은 아니다. 하지만 당신의 삶을 행복하게 만들 수 있는 방법을 발견하기 위해 바쁜 시간을 쪼개어 이 책을 펼쳐들고 있다면, 그것은 분명 건강하고 유익한 욕망이라고 할 수 있다. 이처럼 잘만 살펴보면 우리 안에 일어나는 욕망 가운데 이로운 것과 해로운 것을 구분하는 것은 그리 어렵지 않을 수도 있으며, 생각보다 우리 안에는 이로운 욕망들이 적지 않다는 사실을 발견할 수도 있다.

하느님에 대한 신앙을 더 굳건히 하고 싶은 마음에 진심으로 신앙생활을 하는 사람들을 우리는 욕하지 않는다. 열반에 들기 위해 오늘도 수행에 정진하고 있는 불교 신자들 역시 우리는 비난하지 않는다. 또한 동정심을 가지고 남을 돕기 위한 마음으로 아프리카와 같은 오지에서 노력하는 사람들의 친절함을 나쁘게 보는 사람도 없다. 그리고 자신의 발전을 위해 밤을 새워가며 공부를 하거나 열심히 운동을 하는 사람들의 노력을 비난하는 모습 역시 상상하기 어렵다. 신앙을 위한 것이든 아니면 자신이나 타인의 행복을 위한 바람이든, 모두 욕망의 한 모습이다. 그것들은 바로 아리스토텔레스가 말했던 두 번째 욕망, 즉 인간을 성장시키고 삶을 행복으로 이끌어주는 소중한 힘인 것이다.

우리가 취해야 할 태도는 명확하다. 우선, 우리에게 이로운 욕망과 해로운 욕망을 분별하는 지혜를 갖추어야 할 것이다. 그래서 해로운 욕망들은 절제를 통해 경계하고, 반대로 우리에게 이로운 욕망들은 개발시켜 그것이 우리의 삶을 행복으로 이끌고 갈 수 있도록 해야 한다. 그것이 우리가 취할 수 있는 가장 현명한 태도이다.

우리의 삶을 행복으로 이끌어줄 건강한 욕망들에 대해서는 이 책의 2부부터 자세히 살펴볼 것이다. 일단 지금부터는 자본주의와 광고에 대해 알아보는 것으로, 삶을 행복이 아닌 쾌락과 후회로 이끄는 부적절한 욕망이 어떻게 우리들의 삶을 지배하게 되었는지에 대해 알아보고자 한다.

욕망 위에 세워진 유토피아,
자본주의

욕망에게 자유를!

—

욕망은 마치 세 살짜리 어린아이처럼 무지하고 순진하지만 힘이 장사처럼 아주 세다. 게다가 욕망은 마른 장작처럼 아주 쉽게 불타오르기도 하기 때문에 자칫 이런 욕망을 부추기는 것을 직업으로 삼고 있는 고약한 전문가를 만나기라도 한다면 상황은 순식간에 우리에게 매우 해롭게 돌아갈 수도 있다. 그런 전문가들이 만들어낸 세상이 오늘날 우리가 자본주의라고 부르는 곳이다.

자본주의의 실체는 그 이름 안에 이미 담겨 있다. 그것은 '자본'이다. 우리가 보통 자본이라고 부르는 것은 단순한 돈이 아니다. 돈은 물건을 구입하는 데 사용하는 화폐를 뜻하는 것인데, 자본이란 더 많은 돈을 생산하기 위해 사용하는 돈을 뜻한다. 그러니까, 내가 먹기 위해 구입하는 빵의 값으로 지불하는 돈은 그냥 돈이지만, 그 빵을 샌드위치로 만들어 다시 판매하기 위해 치르는 빵 값은 자본이 된다. 자본주의란, 이처럼 '돈을 만드는 돈'을 중심으로 돌아가는 세상이며, 그래서 다른 무엇보다 '이윤'이라는 것이 가장 추구할 만한 가치로 인정받는 세상이다. 이 때문에 우리는 우선 자본주의 안에서 벌어지는 모든 행위 뒤에는 행복이 아닌 이윤이 있다는 사실을 알아야 한다.

자본가들이 이윤을 만들어내기 위해서는 사람들의 욕망을 자극해야만 한다. 그래야만 사람들이 그 욕망에 이끌려 물건을 구입하기 때문이다. 그래서 자본주의의 전문가들은 인간의 욕망에 대해 아주 많은 것을 연구하고 실험했다. 그만큼 인간의 욕망을 다루는 그들의 기술은 숙련되었으며, 이제는 치명적인 수준으로까지 진화해왔다. 이 때문에 자본주의에서 살아가야 하는 우리 불쌍한 인간들은, 마치 피서 철 해변가의 호객꾼처럼 어느새 곁으로 다가와 잠시도 쉬지 않고 말을 걸어오며 우리를 자극하고 부추기는 강력한 유혹꾼들과 매일 삶의 모든 곳에서 씨름을 해야만 한다. 자본주의의 포식자들에게 모든 인간은 사냥의 대상이며, 그들은 우리를 잠시도 가만히 놔두지 않는다. 그래서 우리의 욕망은 늘 피곤하고 혼란스러운 상태에 놓여 있다. 무엇을 끊임없이 가지고 싶어 하는 마음은 결코 편안한 상태가 아니기 때문이다.

겉으로 볼 때 자본주의란 인간의 모든 욕망에 무한한 자유를 보장하는 제도이다. 이 말은 언뜻 좋은 말처럼 들리기도 하며, 마치 우리에게 더 많은 행복의 기회가 주어질 것만 같은 막연한 희망을 품게도 만든다. 실제로 양적인 면에서 오늘날 세상은 전에 없던 풍요를 누리고 있다. 분명 세상은 물건들로 넘쳐난다. 더 정확히 말하자면 오늘날 세상에는 우리에게 필요한 물건보다도 훨씬 더 많은 물건들이 존재한다. 실상은 우리에게 필요해서가 아니라 그것이 누군가에게 이윤을 만들어주기 때문에 그토록 많은 물건이 넘쳐나게 된 것이다.

세상에 물건들이 넘쳐나면서 사람들의 행복도는 오히려 더 떨어져버렸다. 삶 속에서 선택의 폭은 현기증이 날 정도로 넓어졌지만, 그 혼란스러운 풍요 속에서 우리는 무엇이 우리의 행복을 위한 진짜 필요인지 아니면 단순히 누군가에게 이윤을 만들어주기 위해 발명된 가짜 욕망인지를 구분하기 점점 더 어려워졌다.

간혹 자본주의가 가져온 이런 물질적 풍요를 마치 우리의 행복의 크기가 그만큼 늘어난 것으로 생각하는 사람들도 있다. 그것은 겉으로 드러난 결과만 볼 줄 알고 그 이면의 동기를 놓쳐버린 반쪽짜리 생각이다. 왜냐하면 자본주의는 물질의 풍요나 우리의 행복에는 관심이 없기 때문이다. 가장 가까운 예로, 담배라는 상품을 생각해보면 그러한 사실을 어렵지 않게 이해할 수 있을 것이다. 담배는 가장 높은 수익을 내는 사업인 동시에 가장 많은 사람들의 목숨을 빼앗아가는 하데스의 가장 부지런한 일꾼이다. 자본주의가 원하는 것은 오직 이윤이다. 만약 더 적은 양의 물질을 유지하는 것이 자본주의에게 이윤이 되었다면 아마 오늘날 세상은 사막이 되어 있었을 것이다.

자본주의가 가져온 물질의 풍요는 우리의 자유를 위한 것도 또 행복을 위한 것도 아니다. 그것은 오직 누군가의 이윤을 위한 고민의 결과이다. 그렇기 때문에 우리는 이전 그 어느 때보다 더 현명해져야만 한다. 만약 자본주의가 부추기고 있는 그 많은 욕망 중 우리에게 이로운 것과 그렇지 않은 것을 구분해내지 못한다면, 우리는 자칫 잘못된 욕망에 이끌려 애초 우리가 가고자 했던 행복으로부터 멀어질 수 있기 때문이다.

자본가는 팔고 노동자는 산다

자본주의라는 이념을 떠받들고 있는 몇 개의 기둥 가운데 가장 중요한 것은 아마도 사유재산 개념과 자유일 것이다. 사유재산을 표현할 때 사용되는 영어 단어 private의 어원이 '빼앗다'라는 점을 떠올려본다면, 우리는 사유재산제도가 반드시 모두에게 우호적인 제도가 아닐 수도 있다는 사실을 알 수 있다. 자본주의 안에서는 모두가 무한히 경쟁할 수 있는 자유를 부여받았기 때문에, 경쟁에서 진 사람들은 자신의 몫을 승자에게 빼앗겨야 한다. 이런 착취는 공정함이라는 믿음으로 보호되며 사회적으로도 장려된다. 자본주의에 있어서는, 자유경쟁을 통해 승자가 패자의 몫을 가져가는 것이 바로 정의이기 때문이다.

문제는 이 경쟁이 전혀 공정하지도 그리고 정의롭지도 않다는 점이다. 근대 자본주의는 부르주아지라는 권력 계급이 거의 모든 자본을 독점한 상태에서 시작되었다. 부르주아지의 의미는 '출생이 아닌 돈의 힘으로 권력에 오른 자들'이라는 뜻이다. 부르주아란 그들 개인을 말한다. 이미 모든 자본을 독점한 이들은 토지를 비롯한 모든 생산수단 또한 독점해버렸다. 부르주아지는 세상이 제공하는 최고의 무기인 자본을 모두 손에 넣은 후, 미처 그렇게 하지 못한 동료 인간들을 대상으로 '공정한 싸움'을 하자며 선전포고를 한 것이다. 그것이 바로 유럽의 중세가 막을 내리자마자 도래한 자본주의 시초의 모습이다. 결코 공정하지 못했던 그 '공정한 싸움'의 결과는 뻔했다. 자본가들이 이기고 모든 것을 다 가지게 되었다. 새롭게 재편된 세상에서 자본가들은 새로운 귀족으로, 실질적인 권력 계급으로, 그리고 시대의 주인으로 자리매김했고, 싸움에서 패한 자들은 노동자가 되었다. 이들은 자신에게 남은 최후의 재산인 노동력을 자본가에게 판매하기 때문에 그들을 노동자라고 부른다.

일터에서 노동자는 자신의 노동력을 판매하는 판매자로, 자본가는 그것을 구입하는 소비자로 만난다. 하지만, 시장에서는 그 역할이 바뀐다. 자본가는 자신의 자본이 생산한 상품을 판매하고 노동자는 그것을 소비한다. 그 결과 자본가들은 판매를 통해 짭짤한 이윤을 챙기는 한편 그들이 노동자에게 주었던 임금까지도 도로 가져올 수 있게 된다. '손님은 왕이다'라는 말이 있지만, 그것은 듣기 좋은 말로 소비자인 노동자를 조롱하는 비약일 뿐이다. 진짜 왕은 노동자, 그러니까 소비자로 하여금 자신에게 필요도 없는 물건을, 가지고 있지도 않은 돈을 앞당겨 쓰게 하며, 자신이 전혀 좋아하지도 않는 사람들에게 잘 보이기 위해 마치 최면에라도 걸린 듯 기어코 그들로부터 구입하게 만드는 자본가들이다.

역사상 가장 성공한 종교

—

소비자가 물건을 구입하는 것을 최면이라고 표현한 것은 단순한 비유가 아니다. 소비자는 실제로 매일매일 그들의 삶 모든 곳에서 최면을 당하고 있다. 그 최면은 소비자들에게, "인생에서 돈이 최고다. 더 많은 돈을 가질수록 너희들은 더 많은 물건을 구입할 수 있고 사람들로부터 인정을 받을 것이다. 소비에 행복이 있다. 그것이 행복을 향한 유일한 길이다"라고 말한다. 이런 메시지를 담은 최면은 지난 200년간 꾸준히 반복적으로 주입되어왔으며, 그 성과는 그 어떤 선전 활동에서도 유례를 찾아볼 수 없을 만큼 커다란 성공을 거두어왔다. 오늘날 실제로 대부분의 사람들이 '행복'이라는 단어를 떠올릴 때면 어떤 상품을 떠올리거나 최소한 돈으로 구입할 수 있는 무엇을 떠올린다. 그리고 그런 믿음이 조금도 이상하다는 생각은 하지 않는다. 왜냐하면 어디를 둘러보아도 거의 모두가 같은 믿음을 가지고 있기 때문이다. 오늘날 그런 믿음은 마치 하나의 종교처럼 되어버렸다.

영국의 시인 매슈 아널드는 자신의 책《교양과 무질서》에서 이런 현상에 대한 탄식을 남긴 적이 있다. "오늘날 영국인 가운데 열에 아홉은 많은 재산이 위대함이나 행복의 증거라고 믿는데, 사람이 뭔가를 이렇게 굳게 믿기도 정말 힘든 일이다." 매슈 아널드의 지적은 옳았다. 오늘날 자본주의는 세상에서 제일 많은 신도를 보유한 가장 성공한 종교다. 그 신도들의 신앙심 역시 역사적으로 보아도 그 경쟁 상대를 찾을 수가 없을 정도로 절대적이며 마치 바위처럼 단단하다.

실제로 자본주의는 종교로 보아도 손색이 없을 만큼 기존 종교가 해왔던 역할을 충실히, 그리고 어떤 면에서는 더욱 뛰어나게 하고 있다. 사람들은 언제나 자신을 괴롭히는 걱정과 고통 그리고 불안으로부터 벗어날 수 있는 탈출구를 필요로 한다. 그리고 이전에는 종교가 그 역할을 해왔다. 종교는 그들에게 해답을 주었으며, 기댈 수 있는 무언가가 되어주었으며, 그들이 추구할 수 있는 이상을 제시해주었다. 새로운 종교로서 자본주의는 사람들의 고통과 그것에 대한 해결책으로 돈과 소비를 제시했다. 그리고 그것은 기독교의 삼위일체 개념이나 복잡하고 어려운 불교의 경전에서 가르치는 이야기들보다 훨씬 더 쉽게 이해할 수 있는 것이었다. 게다가 노력의 보답을 사후로 미루는 기존 종교들보다는 돈만 가질 수 있다면 당장 백화점으로 달려가 그 보답을 누릴 수 있다는 부분 역시 이 새로운 종교의 매력을 한층 더 돋보이도록 해주었다. 오늘날 자본주의 종교가 그토록 짧은 기간 동안 이토록 많은 신도를 확보하게 된 이유는 상당 부분 그것이 제시하는 교리의 단순 명확함과 즉각적인 보상에 대한 기대 때문이다.

하지만 자본주의는 완전하지 못한 종교이다. 그것은 결코 사람들이 기대하는 행복도 또 구원도 제공할 수 없다. 자본주의에게는 신이 없기 때문에 그것은 신과 인간을 결합시켜주지 못하며(종교라는 단어의 어원은 '결합하다'이다), 인간을 다른 인간들과 결합시켜주지도 못한다. 오히려 모든 인간을 서로에 대한 경쟁자이자 잠재적 적으로 둔갑시켜 전에 없는 고립과 외로움의 고통을 불러왔다. 자본주의 종교의 특징 중 하나는 무한한 긍정이다. 인간의 한계에 대한 배려 없이 모든 욕망, 모든 자유 그리고 모든 능력에 대한 무한한 긍정을 자본주의는 가르치고 또 부추긴다. 그 결과 삶은 견디기 어려운 강박과 경쟁으로 가득하게 되었으며, 사람들은 만성적인 피로와, 필연적으로 발생할 수밖에 없는 낙오로 인한 우울증을 겪게 되었다. 자본주의가 역사상 가장 많은 신도를 가진 성공한 종교라는 사실은 최소한 표면적으로는 사실이다. 하지만, 그 안의 신도 중 많은 이들은 결코 행복하지 못하다. 게다가 그들에겐 죽은 후 기대할 수 있는 천국도 없다. 자본주의란 아주 크게 성공한 사이비 종교일 뿐이다.

광고, 모노그램 갑옷
그리고 달라이 라마와 파텍 필립

달콤한 목소리, 광고

—

오늘날 자본주의가 보여주고 있는 이 경이로운 수준의 성공은 광고의 도움이 없었더라면 결코 가능하지 못했을 것이다. 자본주의가 이루어낸 성공의 최소한 절반 이상은 바로 광고 덕분이다. 광고는 우리 삶 모든 곳을 장악하고 있다. 우리가 어디에 있고 무엇을 하든 광고는 우리의 눈과 귀를 통해 끊임없이 흘러 들어온다. 광고가 자본주의의 일등 공격수라면, 광고에게 그것은 한때 라디오였고, TV였다가, 지금은 스마트폰이 그 자리를 차지하고 있다.

물론 손바닥만 한 사이즈로 휴대를 할 수 있게 된 데다, 그 안에 TV와 인터넷의 장점을 모두 갖추고 있는 스마트폰이 현재로서는 가장 강력한 광고의 나팔수이기는 하지만, 오늘날의 자본주의 종교를 완성하는 데 가장 혁혁한 공을 세운 것은 누가 뭐라 해도 단연 TV이다.

어느 나라든 자본주의가 본격적으로 성장한 곳에서는 무엇보다 우선 TV의 대량 보급이 이루어졌다. 제2차 세계대전 직후 영국에서는 정부까지 나서가며 모든 가정에 TV가 보급되도록 공을 들였고, 지금은 그것을 중국이 하고 있다. TV를 집 안에 들인다는 것은 절세미인 양귀비를 집에 들인다는 것이나 마찬가지이다. 그것을 보지 않을 수가 없다. 그리고 일단 그것을 보기 시작하게 되면 TV는 본격적으로 그 본색을 드러낸다. 과학자들이 밝혀낸 연구 결과에 따르면 TV를 보고 있는 동안 우리의 뇌는 오히려 잠을 자고 있을 때보다 활동량이 더 떨어진다. 다시 말하면 TV를 시청하며 눈과 귀로 흘러들어오는 정보를 비판적으로 검토하고 판단할 수 있는 능력이 마치 잠을 자고 있는 상태에서 최면을 당하는 것만큼이나 무방비 상태가 되어버린다는 뜻이다. 프로이트의 지형 이론을 빌려 설명해보자면, 그것은 의식과 무의식 사이를 지키는 문지기들의 경계가 허술해져 정보들이 의식의 검열 없이 무의식의 세계로 흘러들어간다는 뜻이기도 하다.

우리의 무의식에 각인된 정보들은 표면적으로는 아무런 힘도 행사하지 않는 것처럼 보인다. 많은 경우 우리는 그 정보가 우리 안에 들어와 있는지조차 알지 못한다. 하지만 그 정보들은 무의식 내에 존재하며 우리의 믿음, 판단, 선택 그리고 좋고 싫음과 같은 정신 활동을 뒤에서 교묘히 조종한다. 오늘날 우리가 '나의 취향' 또는 '나의 믿음'이라고 부르며 가지고 있는 믿음 대부분은 다양한 경로(주로 광고와 미디어)를 통해 우리의 무의식에 반복적으로 각인된 것들이다.

뇌의 활동량이 떨어지며 몽롱해진 틈을 타 프로그램 중간중간 광고가 쏟아져 들어온다. 비록 그것은 다양한 형태로 전달되고는 있지만, 광고의 메시지는 언제나 동일하다. 우리에게 늘 무언가가 부족하다는 것이다. 우리의 현재 상태는 행복하지 않다고 광고는 설득한다. 광고는 존재하지도 않는 가짜 필요들을 만들어내며 새로운 욕망을 불러일으킨다. 비록 있지도 않은 결핍을 위해 광고 제작자들이 만들어낸 거짓 설득에 의해 생겨난 욕망이지만, 이렇게 생성된 새로운 욕망들은 쇼펜하우어의 표현처럼 그것을 가지기 전까지는 온전한 고통으로 존재하며 우리를 괴롭힌다. 그리고 그렇게 생겨난 마음은 그것이 생겨날 때와는 다르게 결코 쉽게 사라지지 않는다.

생활필수품이라는 것은 일상의 불편함을 해소시켜주고 편안함을 주는 물건이다. 그러나 그것이 광고에 의해, 예를 들면 그것보다 더 좋은 새 상품이 출시됨으로써 더 이상 심리적 편안함을 줄 수 없게 되면, 그것은 물리적 불편이 전혀 없음에도 생활필수품이 부족하게 되었다는 뜻이 된다. 이것이 광고가 우리로 하여금 필요 없는 물건을 계속 구매하게 만드는 기본 원리이다. 구찌의 톰 포드가 핸드백 광고를 만들며 기자들에게 했던 말에서 우리는 광고를 만드는 이들이 무엇을 노리는지 분명히 알 수 있다. "아마 이 광고를 본다면, 여자들은 저걸 당장 갖지 않으면 마치 죽을 것 같은 고통을 느낄 겁니다." 인간은 물과 음식 그리고 적당한 온기만 있다면 그렇게 쉽게 죽지 않는다. 하지만 자본주의에서는 새로 나온 구찌 핸드백을 구입하지 못하면 죽을 수도 있는 것이다.

질투 전쟁의 황금 갑옷 버킨백

—

광고는 가지고 싶은 욕망과 가지지 못하는 것에 대한 불안 모두를 이용한다. 광고는 무엇보다 사회적 동물로서의 인간의 약점을 아주 효과적으로 활용하고 있다. 사회적 동물로서 인간은 무엇보다 타인의 인정과 사랑을 갈망한다. 무시당하는 느낌과 인정받지 못할 때의 소외감은 때론 육체의 고통보다도 훨씬 더 견딜 수 없는 고통이 되기도 한다. 남극의 탐험 기지에서 추위와 외로움과 싸우며 생활하는 연구원들은 고국의 국민들이 자신을 자랑스럽게 여긴다는 사실을 알기에 추위와 외로움을 이겨낼 수 있다. 하지만 다른 이들에게 인정받지 못하고 무시당하는 사람은 비록 사회에서 생활하고, 따뜻한 방에서 잠을 자며, 충분한 식사를 누릴 수 있다 하더라도 남극 탐험 기지에서 생활하는 연구원들보다 더 극심한 고통에 괴로워할 수도 있다. 다른 사람들로부터 사랑을 받지 못할 수도 있다는 가능성은 우리에게 때로는 죽음만큼이나 커다란 두려움이 된다. 그리고 광고는 그 사실을 아주 잘 알고 있으며, 그 약점을 집중적으로 공격한다.

자본주의에서는 누구도 더 이상 상대방에 대해 깊이 알기 위해 노력하지 않는다. 한 사람에 대한 평가는 보통 오랫동안 그 사람의 인격이나 품행을 관찰한 결과를 통해 내려지기 마련이지만, 오늘날에는 서로에게 그런 것을 발견하기 위한 충분한 시간도 또 관심도 부족하다. 그 대신 사람들은 광고로부터 보다 빠르고 효율적으로 상대의 가치를 가늠할 수 있는 방법을 배우게 되었다. 바로 그들이 몸에 걸치고 있는 물건이나 타고 다니는 자동차의 브랜드로 사람의 가치를 평가하기 시작한 것이다. 그렇게 오직 상대방이 가진 부의 크기나 사회적 지위만으로 그 사람의 가치를 판단하는 이들을 우리는 속물이라고 부른다. 속물이라는 단어가 풍기는 그 부정적인 의미가 분명함에도 불구하고, 오늘날 우리 가운데 자신은 속물이 아니라고 당당하게 말할 수 있는 사람은 많지 않다. 간혹 그렇게 당당하게 말할 수 있는 사람이 있더라도 그는 속물이 아닌 대신 위선자라는 의심을 받게 된다.

값비싼 명품 양복에 고급 수제 구두를 신고 12기통짜리 최고급 독일산 자동차에서 내리는 사람을 보며, 또 주유소에서 자동차에 기름을 넣어주는 직원을 보며, 우리는 사실 이 두 사람에 대해 아는 것이 전혀 없음에도 이미 그들에 대해 충분히 알고 있다고 생각한다. 그야말로 한 사람에 대한 평가가 불과 몇 초 만에 이루어지는 것이다. 자본주의에서는 비싸고 좋은 물건을 많이 걸친 사람은 귀하고 훌륭한 사람이 된다. 그 반면 아무리 예수의 인류애와 부처의 자비심을 가진 사람이라도 뒷굽이 닳아 있는 싸구려 구두 따위를 신고 있다가는 마치 범죄인이라도 되는 것처럼 무시와 혐오의 대상이 될 수 있다.

명품 산업이 오늘날처럼 인상적인 성장을 거두게 된 배경에도 똑같은 역학이 존재한다. 우리는 더 이상 타인에게 인정받고 사랑받기 위해 예전처럼 공들여 인격을 수양하거나 많은 지식을 공부할 필요가 없어졌다. 그저 많은 돈을 벌어 비싸고 유명한 명품 몇 개를 몸에 걸치기만 하면 사람들은 알아서 우리의 농담에 크게 웃어주며 친절과 관심을 아낌없이 보여주기 때문이다.

그런 면에서 여성들이 가장 좋아하는 물건인 핸드백 중 세상 모두가 인정하는 최상품인 버킨백은, 그야말로 여성들에게 있어 욕망의 성배이다. 버킨백은 소리 없이 그녀의 신분을 대신 증명해줄 것이며, 다른 여성들로부터 부러움을 흡족할 만큼 이끌어낼 물건이기 때문이다. 심리학자 자크 라캉의 저 유명한 문구처럼 오늘날 우리는 타자의 욕망을 욕망한다. 다시 말하면, 다른 이들이 가지고 싶어 하는 것을 가지는 것이야말로 커다란 기쁨을 준다. 그래서 버킨백을 소유하는 것은, 여성에게 자신이 행복하다는 느낌을 준다.

오늘날 사람들은 극도로 개인화되어 같은 아파트에 거주하는 사람들끼리, 그들이 함께 엘리베이터에 갇히게 되었을 때조차 한마디도 나누지 않을 정도로 서로에게 무관심하고 차갑다. 하지만 이것이 다른 이들과의 관계가 그 가치를 잃었다는 뜻은 결코 아니다. 왜냐하면 아무리 버킨백을 들고 있더라도 그것을 보고 경탄하고 부러워해줄 관객이 없다면, 버킨백은 그저 가죽으로 만든 한낱 주머니가 되어버릴 것이기 때문이다. 자본주의 안에서 우리가 욕망하는 것은 다른 사람들이 욕망하는 것을 소유함으로써 스스로가 그 욕망의 대상이 되는 것이다. 우리는 모두 타인의 욕망을 애처로울 정도로 갈망하고 있다.

질투는 여성의 최소한 두 번째 본성이다. 그만큼 여성들은 다른 여성들과의 경쟁에 민감하다. 자본주의에서 여성들의 이런 질투 전쟁의 가장 효과적인 무기는 바로 명품이다. 예를 들어, 버킨백을 들고 있는 여성은 그녀가 이 소리 없는 전쟁에서 가장 절대적 위력을 발휘할 황금 갑옷을 입고 있다는 것을 의미한다. 그것을 가진 여성과 그렇지 못한 여성들 사이의 공백은 한쪽에는 부러움과 질투심, 그리고 다른 한쪽에는 바로 그 부러움과 질투심의 고통 위에 세워진 우월감과 행복감으로 채워진다. 기능이 아닌 상징으로서의 명품 소비는 언제나 가해자와 피해자를 낳는다. 또한 이 전쟁에서의 승리는 언제나 다른 사람들의 부러움과 질투심을 필요로 한다.

헤겔은 사람들 사이의 이런 역학을 주인과 노예의 관계로 표현했다. 부러움을 자아내는 물건을 가지고 있는 사람은 주인이며, 부러운 마음을 가지게 된 사람은 노예가 된다. 명품을 구입하는 사람들은 절대 그것을 방안에서 혼자 즐기지 않는다. 자신의 노예가 되어줄 사람들을 찾아 거리로 향하고, 친구들을 만나며, 각종 모임을 찾는다.

물론 명품의 뛰어난 디자인과 품질을 즐기기 위해 그것을 구입하는 사람도 있을 것이다. 하지만 대부분의 경우, 우리가 명품을 욕망하는 이유는 사실 그 물건 자체가 가진 견고함이나 편리함보다는 다른 사람들로부터 존중과 사랑을 받고 싶어 하는 마음 때문이다. 우리는 명품을 구입하며 품질이 아닌, 존중과 사랑을 사는 것이다. 하지만 그것은 우월감을 느끼기 위한 공격적인 태도라기보다는 상처받지 않으려는 몸부림에 가깝다. 타인에게 인정받지 못할지도 모른다는 두려움은 많이 가진 사람이나 그렇지 못한 사람 모두가 공유하는 가장 원초적인 감정이기 때문이다. 이 때문에 처음에는 사람들의 이런 태도를 못마땅하게 생각하던 점잖은 이들도 어느새 그것이 다른 사람들로부터 인정과 사랑을 받을 수 있는 유일한 방법인 양 백화점을 들락거리며 동참하게 된다.

　가난의 불편은 모욕과 무시를 동반하지만 않는다면 어느 정도는 견딜 만하다. 자본주의에서 사람들이 느끼는 실제 고통은 물리적인 불편에서 오는 것이 아닌, 제시해야 할 마땅한 부의 증표를 갖추지 못했을 때 사회로부터 돌아오는 그 싸늘한 시선과 모욕적인 무시다. 사랑에 대한 욕망은 인간의 육체가 배고픔이나 갈증을 느끼는 것과 마찬가지로, 우리의 영혼이 가지고 있는 가장 기본적인 필요이다. 그것이 충족되지 못할 때 경험되는 고통은 육체의 고통보다 깊고 아프다. 우리 모두가 존엄을 갈망하는 만큼, 누구도 그런 고통을 원치 않는다. 그런 우리에게 어느새 다가온 광고는, 새로 나온 핸드백을 구입하면 불안이 누그러지고 기분이 한결 좋아질 거라고 (마치 유능한 의사가 선심 쓰듯) 친절하게 귀띔해준다. 우리는 물리적인 불편이 아닌, 타인과의 관계에서 오는 정신적인 두려움 때문에 소비를 끊지 못하는 것이다.

모노그램 갑옷

—

유럽의 명품 업계는 크게 세 단계로 마케팅 전략을 진행한다. 과시, 동조, 그리고 일상화가 그것이다. 과시의 단계에서는 개발도상국에 진출하여 소수의 소비자가 자신들의 상품을 소비하고 과시할 수 있도록 함으로써, 당사자들에게는 우월감을, 그리고 그것을 가지지 못한 나머지 사람들에게는 박탈감을 안겨준다. 이렇게 박탈감의 고통을 경험한 그 나머지 소비자들은 고통에서 벗어나기 위해, 그리고 앞서 소유한 이들이 누렸던 우월감을 자신도 맛보고 싶은 마음에 돈을 모아 결국 동일한 브랜드의 상품을 구입하게 된다. 이처럼 같은 브랜드 상품을 구입하는 이들이 많아지면, 상대적으로 그것을 구입하지 못한 이들의 박탈감은 더욱 고통스럽고 파괴적이 된다. 그래서 그들은 우월감이 목적이 아닌, 고통으로부터 벗어나기 위해 해당 브랜드 상품 구입에 무리를 해가며 동조하게 된다. 이것이 두 번째 단계인 동조이다.

그렇게 모두가 해당 브랜드의 상품을 한두 개씩 가지게 되면, 이제 그 상품은 그 사회 구성원의 기본적인 표식이 된다. 그렇게 일상화 단계까지 진행되면, 해당 시장의 소비자 사이에 존재하던 그 치명적인 두려움과 고통이 어느 정도 해소되어버렸기 때문에 매출의 폭발적인 성장은 멈춘다. 그렇게 되면 그 브랜드는 이 모든 과정을 다시 시작할 수 있는 새로운 곳을 찾아 이동한다.

명품 업계가 이와 같이 자신들의 전략을 성공시킬 수 있는 원동력은 무엇보다 광고에 있다. 유럽의 명품 업계는 세계에서 광고에 가장 많은 돈을 쓰는 이들이다. 참고로, 어쩌면 가까운 시일 내 러시아의 톱모델 나탈리아 보디아노바의 새로운 시아버지가 될지도 모르는 베르나르 아르노의 LVMH 그룹은 매년 수익의 무려 11퍼센트를 광고에 사용한다. 그것은 그들이 매년 4조가 훌쩍 넘는 돈을 오로지 광고에만 사용하고 있다는 뜻이다. 물론, 그 돈은 곧 수십 배의 수익으로 그들에게 다시 돌아온다. 명품 업계는 절대로 손해 보는 투자는 하지 않는다. 그런 그들이 가장 적극적으로 돈을 쓰는 곳이 바로 광고이다.

  명품 업계에 광고를 제공하는 광고 회사들은 사람들의 질투심이나 상대적 박탈감을 부추기는 것이 매출 성장에 매우 큰 효과가 있다는 사실을 발견했다. 또한 그런 질투심과 박탈감은 경제적 근접 상태에 놓여 있는 소비자들 사이에서 가장 효과적으로 일어난다는 사실 또한 간파했다. 실제로 우리는 사우디아라비아의 석유왕이나 빌 게이츠를 질투하지 않는다. 하지만 우리와 경제 사정, 또 그래서 우리와 사회적 지위가 비슷하다고 여겨지는 동창생이나 회사 동료 또는 이웃집 여자에 대해서는 민감하게 반응한다.

  경제적 근접 상태에 있는 소비자들을 대상으로 질투심과 상대적 박탈감에 대한 공포를 불러일으키는 명품 업계의 광고 전략이 거둔 가장 인상적인 승리는 아마도 일본에서 찾아볼 수 있을 것이다. 모두가 기억하고 있다시피 일본은 지난 1980년대 경이적인 경제적 성장을 기록했다. 당시 일본의 부동산 가격도 비정상적으로 급등하면서 오늘날 종종 전설처럼 회자되고 있는 도쿄의 기록적인 땅값을 이루어냈다. 당시에는 도쿄를 팔면 미국을 살 수 있다는 이야기가 농담처럼 돌았는데, 그즈음 일본 기업들은 세계 50대 기업 중 33개를 차지하고 있었으며, 미국의 상징이라고 할 수도 있는 엠파이어스테이트 빌딩의 지분과 록펠러 센터, 컬럼비아픽처스 그리고 유니버설 스튜디오 등을 거침없이 사들이고 있었기 때문에 그것은 결코 빈 농담이 아니었다.

일본은 당시 '1억 중산층'이라는 표현을 유행시켰다. 1억 명이면 당시 일본 인구의 85퍼센트에 달하는 숫자이다. 이들은 모두 비슷하게 잘살고 있었기 때문에 이웃이 가지고 있는 것은 나도 가질 수 있다는 생각이 지배적이었다. 당시 그들은 서로 언제든 질투심과 두려움을 촉발시킬 수 있는 위태로운 경제적 근접 상태에 놓여 있었던 것이다.

게다가 일본은 문화적으로 사회적 동질성을 매우 중요시하는 나라이다. 사방이 바다로 막혀 있는 지리적 특성 때문에 서로와의 관계가 보다 민감하고 중요한 것이 되어버린 것일 수도 있지만, 같은 조건인 영국이나 다른 섬나라에서는 그런 성향이 목격되지 않는 것으로 보아 아마도 그것은 그들 고유의 독특한 민족성이라고 볼 수 있다. 안타까운 일이지만, 이제는 우리나라에서도 흔한 사회적 현상이 되어버린 왕따 문화 역시 한때 우리가 그토록 경악하고 비난했던 일본의 이지메가 수입된 것이다. 그만큼 일본에서는 근접 상태의 구성원들 사이에서 동조에 성공하지 못하면 그 결과는 마치 죽음과도 같다.

일본의 이런 사실을 잘 알고 있던 명품 업계가 재빠르게 움직였다. 그

중 가장 성공한 브랜드는 루이뷔통이었다. 그들은 경제적 근접 상태에서의 우월감과 박탈감을 동시에 암시하도록 치밀하게 구성된 광고로 쉬지 않고 루이뷔통을 홍보했다. 또한 최대한 빠르게 일본의 국민 모두가 루이뷔통이라는 브랜드를 알 수 있도록 조치했다. 그 와중에 일본의 1억 중산층 소비자 사이에서는 피 터지는 명품 소비 경쟁이 벌어졌다. 몇 년 후 루이뷔통조차도 믿기 어려운 결과가 나타났다. 루이뷔통 전 세계 판매량의 88퍼센트가 일본에서 소비된 것이다. 국제적인 규모의 단일 브랜드에 대한 이런 소비 현상은 다른 어떤 산업에서도 목격된 적이 없는 일종의 기현상이었다. 이 수치가 현재는 조금 줄긴 했지만, 일본인은 여전히 세계에서 가장 많은 루이뷔통 상품을 구입하는 민족이다. 그들이 루이뷔통만을 구입하는 것은 물론 아니다. 루이뷔통을 통해 명품 문화에 중독되기 시작한 일본인들은 오늘날 자국에서 세계 명품 판매량의 20퍼센트를, 그리고 해외에서 30퍼센트를 구입하며 세계 명품의 절반을 구입하고 있다. 그리고 도쿄의 20대 여성 가운데 무려 94퍼센트가 최소한 하나의 루이뷔통 제품을 소유하고 있다. 단순히 무엇을 좋아하는 취향만으로는 설명될 수 없는, 마치 마약중독자가 마약을, 아니면 암에 걸려 시한부 삶을 선고받은 환자가 치료약을 찾을 때나 목격될 수 있는 명품을 향한 맹목적 소비 현상이 일본인들 사이에서 목격되고 있는 것이다.

일본인들 사이에서 자신이 전체의 85퍼센트에 속한다는 것을 증명할 수 있는 증표는 루이뷔통의 모노그램이었다. 과거에는 죄인들이 자신의 몸에 찍힌 낙인으로 인해 차별과 모욕을 받았지만, 일본에서는 모노그램

낙인이 찍혀 있는 물건을 가지지 못함으로써 무시와 소외의 공포를 느껴야만 했다. 당시 일본인들에게 루이뷔통의 모노그램은 단순한 명품이 아닌, 자본주의와 명품 업계 그리고 광고가 합작으로 만들어낸 살벌한 질투심과 두려움 게임에서 자신의 자존심을 보호해줄 수 있는 최소한의 갑옷이었다.

나치의 입, 괴벨스

나치의 나팔수이자 악마의 입으로 불렸던 괴벨스의 프로파간다 전략을 들여다보는 것은 광고가 무엇이며 그것이 우리를 세뇌시키기 위해 어떤 전략들을 사용하고 있는지, 또 그것이 얼마나 강력한 효과를 발휘하는지 이해하는 데 큰 도움이 된다. 왜냐하면 괴벨스는 근대 광고의 아버지이자 역사상 가장 뛰어난 광고 전략가였기 때문이며, 오늘날 사용되는 거의 모든 광고 전략의 핵심 철학은 괴벨스로부터 나온 것이기 때문이다.

물론 자신의 오빠가 남기고 간 위대한 책 《힘에의 의지》와 《차라투스트라는 이렇게 말했다》를 개작까지 해가며 나치의 성경으로 바쳤던 니체의 여동생 엘리자베트의 삐뚤어진 애국심과, 사막의 여우라고 불렸던 천재 야전사령관 에르빈 롬멜, 그리고 돌격대장 헤르만 괴링이 히틀러와 나치의 성공에 큰 역할을 한 것은 사실이다. 하지만 괴벨스가 없었다면 똑똑하고 선량했던 독일 국민들이 600만 명의 유대인을 잔인하게 학살하는 괴물로 변하게 했던 집단 광기도, 자명한 죽음이 그 커다란 입을 벌리고 독일군을 기다리고 있던 사지 스탈린그라드로 몰려가는 어리석음도 결코 가능하지 못했을 것이다. 그런 수준의 광기와 어리석음은 오직 최면에 빠진 인간들만이 보여줄 수 있는 모습이다.

괴벨스는 나치의 제국선전부 장관으로 취임하자마자 즉시 두각을 나타냈다. 이미 포스터와 전단지의 효과를 알아채고, 히틀러의 나치당 전당대회가 있는 곳이면 어디든 간단하고 선동적인 문구를 담은 전단지 수만 장을 제작하여 배포했다. 또한, 히틀러의 연설 장면을 당시로서는 혁신적인 발상이었던 시디 크기의 레코드판에 녹음하여 그것을 봉투에 넣어 전단지와 함께 배포하는 창의적인 기발함을 발휘하기도 했다. 아직 TV가 존재하지 않았던 시대였기에 그는 미디어 가운데 라디오와 영화를 적극적으로 활용했는데, 우선 모든 극장에 히틀러의 연설 장면을 편집한 10분짜리 필름을 공급하여 영화의 시작부분이나 중간중간에 상영하도록 조치했다. 그리고 라디오를 대량으로 생산하고 국가 보조금으로 구입 가격을 대폭 떨어뜨려, 단시간 내 독일의 모든 가정에 라디오가 보급되도록 해 그의 입이 국민들의 귀에 항상 닿아 있도록 했다. 오늘날 TV가 자본주의의 얼굴이라면 당시 독일인들에게 라디오는 나치의 입이었다.

괴벨스는 독일 국민을 마치 가축 무리와도 같은 미개한 존재로 보았다. 그래서 자극적인 선동과 반복적인 메시지를 통해 그들의 마음을 쉽게 조종할 수 있다고 믿었다. 그가 당시 사용했던 선전 방식은 오늘날 광고에서 널리 통용되고 있는 것들이다. 괴벨스는 우선 대중들이 끊임없이 그의 선전에 노출되도록 했다. 그때는 독일 어디를 가든 사방에 그의 선전 문구가 담긴 수천만 장의 포스터가 붙어 있었으며, 모든 가정에서는 하루 종일 라디오를 통해 흘러나오는 그의 선전 목소리가 울려 퍼졌다. 그는 또한 오락성과 선정성이 가지는 효과를 잘 활용했다. 괴벨스는 자신의 선전 메시지를 보다 재미있게 구성하기 위해서 시끄러운 컬러와 화려한 그래픽을 사용했으며, 포스터에는 유명인의 얼굴을 자주 등장시키고 성적 암시를 서슴지 않았으며, 입에 착착 달라붙는 단순한 문구를 개발하여 반복적으로, 정말 끔찍할 만큼 반복적으로 선전했다. 반복이라는 전략은 괴벨스의 선전에 있어 가장 핵심이 되는 요소 중 하나이다. 괴벨스는 마치 동물을 훈련시킬 때처럼 대중에게 단순한 문구들을 반복해서 주입시키면 곧 그 메시지가 완벽하게 각인된다고 믿었다. 그리고 그는 자신의 판단이 옳았음을 독일 국민을 통해 충분히 증명해냈다.

그는 용어를 살짝 바꾸어 그 의미를 현혹시키는 교묘한 수법도 자주 이용했다. 예를 들면, 유대인에 대한 체포나 감금 그리고 고문이나 약탈 같은 활동에 '보호 관리'라는 용어를 사용한 것이 한 예이다. 그것은 우리나라에서 과거 땅 투기를 일삼는 일부 여성들에게 '복부인'이라는 부정적인 용어가 사용되다. '재테크'라는 신조어가 등장하며 그들의 행동에 새로운 자유와 정당성이 부여된 것과 마찬가지의 효과를 냈다.

결코 놀라운 일은 아니지만, 괴벨스는 선동을 위해 거짓말을 적극적으로 활용했다. 그는 이런 말을 했다. "대중은 어리석다. 거짓말을 크게 해라. 아무도 확인하지 않는다. 선동은 문장 한 줄로 가능하지만 그것을 반박하려면 수십 장의 문서와 증거가 필요하다. 그리고 그것을 반박하려고 할 때면 이미 사람들은 선동당해 있다. 나에게 한 문장만 달라. 누구든 범죄자로 만들 수 있다. 사람들은 한 번 들은 거짓말은 부정하지만, 두 번 들으면 의심하게 되고, 세 번 들으면 이내 그것을 믿게 된다. 그리고 거짓말은 약간의 진실과 섞어 할 때 100퍼센트의 거짓말보다 더 큰 효과를 낸다." 그는 이에 덧붙여 자신이 앞으로 모든 시대를 통틀어 가장 위대한 정치인이나 아니면 가장 악랄한 범죄자로 기억이 될 것이라고 예견했다. 그의 기대와는 다르게 오늘날 괴벨스는 산업계에서 가장 천재적인 광고 전문가로 회자되고 있다.

우리는 괴벨스가 당시 독일 국민들을 대상으로 치렀던 선전 캠페인에서 사용된 몇 가지 핵심 전략에 관심을 가질 필요가 있다. 왜냐하면 오늘날 우리가 접하고 있는 광고 역시 괴벨스가 사용했던 선동 전략과 크게 다르지 않기 때문이다. 그저 훨씬 더 정교해지고 강력해졌을 뿐이다. 현대의 광고 과학은 인문학, 정신분석학, 일반심리학, 행동심리학, 인지심리학, 사회학, 뇌과학 등 다양한 과학들과 융합하며 완성된 종합 선동 예술이다. 게다가 오늘날에는 TV와 인터넷 그리고 스마트폰까지 생겨나며, 그야말로 그들의 선동을 위한 그물은 더없이 촘촘해졌다. 우리는 하루 24시간 어디에 있든 다양한 광고에 노출된다. 누구를 위해? 물론 자본가들과 그들의 이윤을 위해서다.

톰 포드의 말처럼, 광고는 신상품을 보여주고 그러면 여자들은 그것을 가지지 못하면 마치 죽을 것 같은 고통을 느끼게 된다. 우리는 광고에 의해 조건과 반응의 차원에서 농락당하고 있는 것이다. 제2차 세계대전 당시의 독일 국민들이 미개하거나 사고력이 떨어져서 괴벨스의 선동에 넘어간 것이 아니다. 정교하게 만들어진 광고는 가장 똑똑하고 조심스러운 사람의 마음마저도 조종할 수 있을 정도로 위력이 세다. 이 때문에 우리는 광고를 접하며 우리 안에서 일어나는 욕망의 실체를 명확히 분별할 수 있도록 해야만 한다. 그리고 그 타당성을 진지하게 고찰해보아야 한다. 그렇지 않으면 우리의 행복과는 전혀 관계도 없는, 누군가의 배를 불려주기 위한 욕망들로 우리 자신을 가득 채울 수도 있기 때문이다.

달라이 라마와 파텍 필립

—

텐진 갸초는 오늘날 세계에서 가장 존경받는 위인 중 한 명이다. 그의 고국 티베트를 비롯해 동양과 서양의 많은 나라에서는 그를 단순히 위대한 종교적 인물이 아닌 살아 있는 부처, 즉 생불로 여기고 있다. 많은 이들이 그를 어떤 면에서는 신과 동격의 지위를 가진 대상으로 보고 있다는 뜻이다. 우리는 그를 그의 본명 대신 '바다와 같은 지혜를 가진 위대한 스승'이라는 뜻을 가진 이름, '달라이 라마'로 더 잘 알고 있다. '달라이'는 몽골어로 '지혜의 바다'라는 뜻이며 '라마'는 '위대한 스승'이라는 뜻의 티베트어이다.

달라이 라마는 무려 열네 번의 환생을 통해서 지난 600년 동안, 오직 중생을 구제하겠다는 숭고한 목적을 수행하기 위해 우리 곁에 머물고 있는 살아 있는 부처이다. 물론 그의 이런 환생 이야기를 믿지 않는 이들도 있을 것이며, 사실 그것은 결코 믿기 쉽지 않은 이야기이기도 하다. 그러나 중요한 것은, 세상이 그에 대해 가지고 있는 존경이 그의 환생 신화나 그가 받은 노벨평화상 때문이 아닌, 바로 그가 80년 가까운 세월 동안 보여준 아름다운 삶의 모습 때문이라는 점이다.

그는 불과 다섯 살이라는 어린 나이에 티베트의 국왕이자 정신적 지주라는 막중한 자리에 올랐으며, 그럼에도 자신의 역할을 잘 수행해냈다. 이후 중국의 침략 아래 자신의 국가와 국민들이 무너지고 쓰러지는 모습을 모두 목격해야 했으며, 자신 역시도 수많은 암살 위협에 시달려야만 했다.

그는 인도의 다람살라로 망명한 후 그곳에 소박한 티베트 망명정부를 세우고 지난 30여 년 동안 하루도 빠짐없이 조국 티베트의 독립을 위해 노력하는 한편, 세계인 모두가 행복한 삶을 발견하고 누릴 수 있도록 행복에 대한 저술과 강연을 이어오고 있다. 티베트의 국왕이자 살아 있는 부처, 올해로 일흔여덟 살인 이 노승이 자신의 거처에 가지고 있는 재산은 얼마 되지 않는다. 그의 늙은 육신이 살인적인 스케줄을 견딜 수 있도록 누군가 오래전 선물한 러닝머신과 적어도 30년은 됨직한 작은 브라운관 TV 그리고 두 명 정도가 앉을 수 있는 낡은 소파가 그가 누리는 사치의 전부이다.

그런데, 얼마 전 뉴스에 달라이 라마에 대한 작은 이야기가 소개되었다. 놀랍게도 그것은 그가 가지고 있다는 파텍 필립이라는 명품 시계에 관한 이야기였다. 파텍 필립은 바쉐론 콘스탄틴과 오데마 피게와 함께 세계 3대 명품 시계로 꼽히는 브랜드이다. 파텍 필립은 그 셋 중에서도 이견이 없는 첫 번째 명품이다.

세계에서 가장 존경받는 영적 지도자의 손목에 염주와 함께 감겨 있는 파텍 필립의 모습은 많은 사람들에게 혼란을 주었다. 파텍 필립을 차고 있는 달라이 라마의 사진을 보는 순간 가장 먼저 느껴지는 것은 바로 어떤 모순일 것이다. 우리는 훌륭한 사람들, 그중에서도 특히 종교적 지도자들은 검소해야 한다고 여기기 때문이다. 그리고 우리가 잘 알다시피 파텍 필립은 검소와는 전혀 어울리지 않는 물건이다. 우리는 파텍 필립의 가격을 떠올리며 혹시 우리가 달라이 라마를 비난해야 하는 것은 아닌지 잠시 고민을 할 수도 있다. 흥미롭게도 우리는 사치품을 갈망하면서도 또 동시에 그런 사치품을 가진 사람을 종종 비난하기도 하기 때문이다.

사실 그 시계는 지금으로부터 70년 전 아직 그가 채 열 살이 되지 않았을 무렵 당시 미국 대통령이던 루스벨트가 선물로 보낸 것이다. 두 명의 미국 정부 요원을 통해 전달된 작은 나무 상자 안에 담겨 있던 시계를 본 어린 달라이 라마는 흥분을 감추지 못했다. 그것이 너무도 예쁘고 신기한 물건이었기 때문이다. 당시 그가 파텍 필립이 무엇인지 몰랐다는 사실은 따로 설명할 필요도 없다. 깔끔한 디자인으로 아주 정교하게 제작되었고, 반달 모양의 작은 창에 달의 주기까지 표시되는 등 상당히 특별해 보였던 그 시계가 어린 달라이 라마는 무척 마음에 들었던 것이다. 이후 달라이 라마는 전용 공구를 가지고 자신의 시계를 직접 분해하고 조립하는 취미를 가지게 되었을 정도로 그 시계를 좋아했다. 달라이 라마의 파텍 필립은 지난 70여 년간 수리를 위해 몇 번 스위스를 드나들기는 했지만 오늘날에도 여전히 잘 작동되고 있으며, 달라이 라마의 바쁜 스케줄에 지장이 생기지 않도록 그의 가장 가까이에서 도움을 주고 있다.

그 시계가 달라이 라마가 아주 작은 아이였을 때 미국의 대통령으로부터 받은 선물이라는 사실에서 어쩌면 우리는 그에게 실망하지 않아도 되는 이유를 찾을 수도 있을 것이다. 하지만 더 중요한 것은 달라이 라마가 그 시계와 맺고 있는 관계이다. 그에게 그 시계는 자신의 부를 자랑하거나 또는 그의 경제적 위상이나 인격을 사회적으로 인정받기 위한 상징이 아닌 그저 그가 아주 오랜 기간 사용해온 특별한 추억이 담긴 하나의 물건일 뿐이다. 분명 그는 자신의 파텍 필립 시계를 무척 좋아하긴 하지만, 엄밀히 말해 그의 행복에서 그 시계가 차지하는 비율은 그리 크지 않을 것이다. 왜냐하면, 그에게 있어 행복이란 물질이 아닌 정신의 차원에서 발견되는 것이기 때문이다. 그것이 그가 지난 30년간 일관되게 가르쳐온 행복의 비밀이다. 달라이 라마에게 한 인간의 가치는 그가 입고 있거나, 차고 있거나 또는 타고 있는 물건 따위에 의해 결정될 정도로 가벼운 성질의 것이 아니다. 그것은 그 사람이 세상을 바라보는 시각, 그가 다른 사람들을 대하는 마음 그리고 그가 자신의 삶을 어떻게 운영하고 있는가 하는 그 철학을 통해 가늠될 수 있는 것이기 때문이다. 그 때문에 만약 그의 손목에 파텍 필립이 아니라 싸구려 전자시계가 채워진다 하더라도 그는 여전히 변함없이 세상에서 가장 행복한 사람으로 남을 것이다.

빵만으로는 살 수 없다

—

철학자들은 우리가 결코 빵만으로는 살 수 없다고 했다. 그것은 분명 사실이다. 하지만, 우린 빵도 필요하다. 촌스럽고 쉽게 부서지는 싸구려 물건보다 이왕이면 잘 만들어진 좋은 물건을 가지고 싶어 하는 마음은 굳이 설명이나 변명이 필요 없는 정당하고 자연스러운 마음이다. 소비에도 분명 그 나름의 행복이 존재한다. 최신형 자동차, 명품 시계와 핸드백 그리고 스타벅스 커피 한 잔 모두에는 각각 그만큼의 행복이 있다. 다만 그 정도가 지나치면 병이 될 수 있는 것이다.

누구든 그저 생존만을 위해 열심히 일하며 사는 사람은 없다. 만약 그런 사람이 있다면 그는 단지 숨을 쉴 권리를 지나치게 비싼 값에 사고 있는 것이다. 소비는 필요하지만, 그리고 물질을 통한 만족 추구는 결코 나쁘지 않지만, '오직' 물건을 소비하는 것에서만 행복을 찾으려는 태도는 마치 종이 위에 벽난로를 그려놓고 따뜻해지길 바라는 마음만큼이나 어리석은 짓이다. 행복은 그렇게 돈 얼마를 주는 것만으로 간단하게 얻어지는 것이 아니기 때문이다.

문제는 우리가 지나치게 편식을 하고 있다는 점이다. 어떤 이들은 자본주의에게 이 모든 모순에 대한 비난의 손가락을 향하려 하지만, 자본주의는 사실 아무런 죄가 없다. 전기도 아스피린도 없었으며, 멀쩡한 사람을 마녀로 몰아 산 채로 불에 태우던 야만이 만연하던 중세 시대에 비하면 사실 지금은 천국과도 같은 세상이다. 모든 시대에는 그 시대 고유의 병이 있는 법이다. 우리 시대의 병은 자본주의와 광고로 이룩된 물질 만능주의 환상이다. 행복이란 더 많은 돈을 모으고 더 많은 물건을 소비하는 것이라는 믿음 그리고 오직 그것만이 행복을 향한 유일한 길이라는 믿음, 바로 그것이 우리 시대의 병인 것이다.

어쩌면 오늘날 사람들이 이렇게 소비를 향한 편식을 하게 된 데에는 행복에 대해 가르쳐주는 곳이 너무도 부족하기 때문에 우리가 광고에게 그 중요한 교육의 역할을 맡겨버린 것에 대한 부작용인지도 모른다. 만약 그렇다면 우리는 선생님을 잘못 고른 것이다. 광고는 이윤을 불러오는 욕망에 대해서는 박사이지만, 행복에 대해서는 아무것도 모를뿐더러 관심도 없다. 하지만 우리는 종종 광고가 철학 책 속의 현자들보다 더 큰 목소리를 낸다고 해서, 그들의 목소리에 더 많은 진실이 담겨 있다고 믿곤 한다.

우리가 행복을 발견하고 얻을 수 있는 곳은 백화점 말고도 아주 많다. 게다가 비싼 물건을 구입함으로써 얻어지는 행복보다도 훨씬 더 높은 차원의 행복을 우리는 매우 저렴한 값에 언제든 누릴 수 있다. 믿을 수 없겠지만, 때로는 전혀 돈이 들지 않기도 한다. 먼저 책이라는 것은 우리에게 필요한 모든 지식을 담고 있는 가장 훌륭한 출발점이다. 물론 그 지식 중에는 진정한 행복이란 무엇이며, 또 우리가 어떻게 그 행복을 손에 넣을 수 있는지에 대한 방법도 포함되어 있다.

역사를 통틀어 철학자들은 다양한 주제에 대해 많은 이야기를 내놓았지만, 그들의 이야기를 자세히 들여다보면 그것은 모두 인간의 행복이라는 공통된 주제로 모아진다는 사실을 알 수 있다. 그들은 어떻게 우리가 이성이라는 타고난 강점을 활용해, 본성적으로 우리가 극복해야만 하는 다양한 약점들을 이겨내고 행복한 삶을 이룰 수 있는지에 대해 수많은 이야기를 남겼다. 철학자들의 이야기에 귀를 기울이다 보면 삶은 보다 명확한 형태를 띠게 되고, 우리가 가야 할 길에 대해서도 조금 더 확신이 생긴다.

종교란 것은 애초에 나무로 만든 십자가나 금색으로 칠해진 불상 같은 것에 머리를 숙이라고 생겨난 것이 아니다. 그것은 타고난 약점 때문에 필연적으로 고통을 겪을 수밖에 없는 우리 인간들에게 위안과 희망을 주기 위해 아주 오래전부터 존재해온, 말하자면 영혼을 위한 병원이다. 그 병원은 우리의 마음을 치유하기도 하지만, 용기와 희망을 주어, 그래서 우리가 삶이란 살 만한 것이고 또 행복한 것이라고 느끼도록 만들어주기도 한다. 오늘날 우리가 겪는 고통의 많은 부분이 바로 외로움에 뿌리를 두고 있다. 종교는 우리로 하여금 우리의 근원과 자연, 그리고 다른 사람들과 다시 결합하여 행복한 삶을 완성할 수 있도록 도와주기 위해 개발된, 인간의 행복을 위한 가장 오래된 방편이다.

그런 사실을 곧이 인정하는 이는 별로 없겠지만, 우리가 번쩍이는 명품 로고가 붙어 있는 물건을 구입하는 이유는 다른 사람들에게 그것을 보여주어 그들로부터 인정과 사랑을 받기 위함이다. 하지만 만약 애초에 우리가 원하던 것이 다른 사람들로부터 사랑을 받는 것이었다면, 차라리 사랑과 우정에 대해 더 많이 배우기 위해 노력하는 것이 더 현명한 방법이 아니었을까? 만약 우리를 위해 헌신하며 아낌없이 사랑을 베풀고자 하는 연인이 있다면, 또는 우리 자신이 그런 아름다운 연인이 될 수 있다면, 또는 우리 삶의 날씨가 맑든 흐리든 변함없이 우리 곁을 지켜줄 친구가 단 한 명이라도 있다면, 어쩌면 우리는 커다란 로고가 달린 명품 따위에는 아무런 관심을 가지지 않을지도 모른다. 진정한 행복은 사람으로부터 얻어지는 것이다. 우리가 물건이 아닌 우리 자신의 존재로서 연인과 친구로부터 그런 애정과 신뢰를 얻어낼 수 있다면 삶은 요란하고 화려한 물건들 없이도 행복으로 가득해질 수 있을 것이다.

자신에게 물건을 살 돈이 부족하다고 비참해하거나 부자들을 부러워할 필요도 없다. 가난한 사람의 형벌이 불편이라면 부자에게도 권태라는 그들만의 십자가가 있다. 권태는 쾌락에 대한 내성이 지나치게 발달하여 그 어떤 즐거움에서도 충분한 만족을 발견하지 못하는 형벌이며, 그것은 가난한 자의 불편만큼이나 고통스럽다. 그러니 돈이 없음을 너무 억울해하지 말자.

자신이 속물이라는 생각에 자책하지도 말자. 우리는 모두 어느 정도 속물이다. 그것이 자신이 태어난 시대나, 외부 환경 또는 자신 스스로에 대한 어떤 것이든, 자책과 비난은 아무에게도 도움이 되지 않는다. 죄책감은 인간의 정신을 피폐하게 만드는 강력한 독이다. 중세 동안 교회는 사람들의 마음속에 신에 대한 죄책감을 심어주기 위해 많은 노력을 했고, 그 덕분에 우리는 600년에 가까운 시간을 암흑기라고 부르며 보내야 했다. 삶이 우리에게 어떤 실망과 좌절을 주더라도 절대 세상을 그리고 스스로를 비난하거나 자책하지 말자. 그 대신 노력하고 변화하자.

'많은 것을 가진 사람이 인생의 승자다'라는 믿음은 행복을 규정하는 낡은 방식이다. 그것은 실제로 행복을 발견하고 누리는 것보다 남들에게 행복한 것처럼 보이는 것을 더 중요하게 생각한 사람들에게 환영받던 아주 오래된 가짜 믿음이다. 걱정이 없는 편안한 마음, 모든 일이 잘될 것만 같은 차분한 여유, 살아 있다는 사실을 감사하게 느끼도록 해주는 기분 좋은 즐거움은 모두 물건이 아닌 우리의 내면에서 발견되고 생산되는 것들이다. 우리 내면으로부터 그런 행복을 더 많이 발견해낼수록 우리에게 필요한 물건은 줄어든다. 우리 자신이 스스로를 위해 행복을 생산해낼 수 있는 공장이 되기 때문이다.

행복을 생산하는 그런 공장을 자신의 내면에서 발견하고 또 가지기 위해서는 우리는 언젠가 플라톤이 해주었던 말을 참고할 필요가 있다. 그는 정치에 관심이 없는 사람에게 내려지는 가장 끔찍한 형벌은 바로 그들 중 가장 열등한 인간에게 군림을 당해야 하는 것이라고 말했다. 물론 이것은 그가 정치에 빗대어 한 이야기이지만, 우리가 자신의 삶을 어떻게 운영할 것인지에 대한 날카로운 조언이기도 하다. 욕망과 감정 그리고 이성 등 우리 안에 존재하는 모든 힘 중 어떤 것의 목소리에 더 관심과 지지를 보내느냐에 따라 삶이라는 작은 국가의 운명이 결정된다. 욕망을 따르는 삶은 쾌락으로 이어져 필연적으로 실망과 권태만을 경험하게 될 것이다. 감정을 따르는 삶은 그 변덕에 지쳐 곧 아무런 확신도 가질 수 없는 상태가 될 것이며, 오직 이성의 목소리를 따르는 삶만이 행복으로 인도될 것이다. 이성은 우리 안에 존재하는 모든 가운데 중 가장 차분하고 우월하며 현명한 힘이기 때문이다. 이성의 이런 소중한 힘과 역할을 일찍이 깨닫고 그것이 들려주는 조언들에 귀를 기울여온 사람들이 있다. 우리는 그들을 철학자라고 부른다. 그러므로 철학자들의 삶과 이야기에 관심을 가져보는 것은 우리를 행복으로 인도해줄 지름길에 들어서는 것이나 마찬가지이다. 이제 책장을 넘겨 2부에서 그들의 이야기를 들어보자.

2부
—
최고의
사치
인문학,
철학의
세계

철학이라는
선물

철학이라는 선물

—

인문학은 인간 경험에 대한 축적 보고서이다. 다시 말하면 인문학은 사람
이라는 이 신비로운 존재를 이해하려는 자전적 노력의 역사인 것이다. 어
딘지 모르게 조금 어색하지만, 만약 그것을 '사람학'이라고 불러왔다면
혹시 더 많은 사람들이 인문학에 관심을 가졌을지도 모르겠다. 조금 촌스
럽긴 하지만, 아무래도 '인문학'이라는 딱딱한 이름보다는 '사람학'이라
는 이름이 조금 덜 부담스럽고 친근하게 느껴지기 때문이다. 철학과 인문
학의 많은 지혜들이 그 유용한 가치에도 불구하고 더 많은 사람들에게 도
움을 주지 못하는 이유는 그들이 가진 제목과 표지가 암시하는 무거움 때

문인 경우가 많다.

인문학은 철학에서 시작했다. 그리고 철학은 인간에 대한 이해로부터 출발했다. 모든 인문학의 뿌리에는, 그리고 그 궁극적 목적지에는 나와 다른 사람들을 더 잘 이해할 수 있게 되어 모두가 더 평화롭고 행복하게 함께 어울려 살아갈 수 있기를 바라는 숭고한 인류애가 자리 잡고 있다. 그래서 저 유명한 구호를 잠시 빌려본다면, 철학이란 인간의, 인간에 의한, 그리고 인간을 위한 아주 오래된 사랑의 기록이라고 말할 수 있다.

지난 수천 년 동안 철학자들은 다양한 주제에 대해 많은 생각을 남겼다. 언뜻 그들이 고민했던 주제들은 서로 연관이 없어 보일 수도 있지만, 사실 그 모든 주제는 결국 인간의 행복이라는 하나의 고민으로 모아진다. 그들은 어떻게 하면 우리가 타고난 육체와 정신의 약점을 극복하여 보다 높은 수준의 행복을 삶에서 발견할 수 있을지에 대해 고민했다. 그리고 그들은 무엇보다 이성이라는 우리가 가진 훌륭한 도구의 유용함을 잘 활용했다. 이성은 눈으로는 결코 볼 수 없는 세상이 우리 앞에 그 모습을 드러내도록 도와주는 힘이다. 그리고 그렇게 눈으로 볼 수 없는 세계를 들여다볼 수 있는 능력은 우리에게 매우 중요한 가치를 지닌다. 《어린 왕자》에서 여우가 이야기했듯, 삶에서 정말로 중요한 것들 대부분은 눈으로는 찾을 수 없는 것들이기 때문이다.

오늘날과 같은 자본주의 세상에서 철학은 더욱 절실하다. 철학은 상대가 들고 있는 백의 가격이나 입고 있는 옷의 브랜드에 관심을 가지는 것보다, 밤을 새우며 즐겁게 읽었던 소설에 대한 기억이나, 고양이와 개에 대한 그들의 의견, 그리고 친절 또는 사랑이라는 단어가 그들에게 가지는 의미에 비로소 관심을 가질 수 있도록 해준다. 다시 말하면, 철학은 우리로 하여금 서로를 옷걸이가 아닌, 한 사람의 인간으로 바라볼 수 있도록 해주는 것이다.

철학은 우리로 하여금 단지 타인을 제대로 바라보고 또 이해할 수 있게끔 도와주는 것만은 아니다. 철학을 통해 우리는 처음으로 자신을 만나기도 한다. 그렇게 만나게 되는 우리 자신의 진짜 모습은 광고나 사회에서 늘 당연하듯 가르쳐온 욕망덩어리에 불과한 열등한 모습과는 적잖게 다른 모습을 하고 있다. 우리는 단순히 욕망만을 가지고 있는 동물이 아닌, 그 욕망을 슬기롭게 다룸으로써 보다 높은 수준의 행복을 향해 나아갈 수 있는 지혜도 함께 가지고 있는 분별력 있고 현명한 존재라는 사실을 발견하게 된다.

사실 철학자들이 전해주는 지혜는 그리 놀랍거나 새로운 것들이 아니다. 오히려 지나치게 당연한 것들이 대부분이다. 아이러니하게도 물, 공기, 나무, 사람, 가족처럼 삶에서 가장 소중한 것들은 삶에서 가장 흔한 것들이다. 지혜도 그렇다. 우리는 이미 삶을 어떻게 살아야 하는지에 대한 지식과 지혜를 놀랄 만큼 충분히 가지고 있다. 단지, 이미 그것들에 대해서는 충분히 들을 만큼 들었고, 또 그런 이야기들은 이미 너무 흔해져버렸다는 석연찮은 이유 때문에, 더 이상 관심을 기울이지 않고 있을 뿐이다. 행복의 씨앗은 이미 우리 안에 있다. 그리고 그것을 커다란 나무로 키워 기쁨과 만족의 과즙이 풍부한 열매로 키워내는 데 필요한 도구

역시 우린 태어나면서부터 이미 가지고 있다. 철학자들의 이야기가 우리에게 여전히 가치를 가지는 이유는, 그들의 이야기는 우리로 하여금 가까이에 있었지만 전혀 모르고 있었던 소중한 지혜를 깨닫게 해주고, 또 우리가 이미 알고 있는 것들의 가치를 새롭게 깨우치게 되어, 마침내 실천을 통해 그 지혜가 삶의 행복으로 온전히 이어질 수 있도록 해주기 때문이다.

철학자들이 그들의 책과 삶을 통해 우리에게 전하려는 이야기에 진지한 관심을 가지려는 노력은 우리가 삶을 다시 새롭게 볼 수 있도록 해준다. 삶을 단순히 생존을 위한 경쟁만이 가득한 힘겨운 투쟁이 아닌, 이전에는 몰랐던 행복과 만족감이 가득한 최고의 사치로 새롭게 발견할 수 있도록 해준다. 삶은 원래 선물이며 그 자체로 사치인데, 우리는 그것을 모르고 있을 뿐이며, 우리가 다시 그 소중한 사실을 기억할 수 있도록 도움을 주는 것이 바로 철학이다.

플라톤,
철학자가 들려주는 러브스토리

최고의 스토리텔러 플라톤

—

플라톤과 《국가》는 철학계의 에르메스이자 버킨백이다. 이들은 각각의
세계에서 유행이 아닌 적이 없었으며, 최고를 상징하는 모든 기준이 되
어왔다. 플라톤의 작품들이 지난 2,400년 동안 최고의 인기를 놓치지 않
고 있는 데에는 분명한 이유가 있다. 우선 플라톤의 작품은 읽기가 쉽다.
일부 독자들에게 이런 주장은 납득하기 어려울 것일 수도 있다. 왜냐하면
우리가 일반적으로 철학 책이라고 분류하고 있는 책들은 지극히 난해하
고 지루한 책이라는 말의 동의어이기 때문이다. 게다가 그 책이 철학계의
아버지인 플라톤이 쓴 것이라면, 누구든 그 책이 재미없고 어려울 것이

라는 데 별 고민 없이 돈을 걸 것이기 때문이다. 만약 이런 베팅의 기회가 있다면 반드시 칸트나 하이데거에게 돈을 걸 것을 조언한다(철학으로 돈을 버는 몇 안 되는 사람이 될 수 있을 것이다).

그러나 우리는 플라톤이 스승 소크라테스를 만나 철학자의 길로 들어서기 이전까지 아테네에서 꽤 잘나가는 극작가 유망주였다는 사실을 기억할 필요가 있다. 마치 소설을 쓰듯, 그는 자신의 철학 작품을 읽기 편한 짧은 단편 소설들로 구성하는 재치를 발휘했다. 그것을 '대화편'이라고 부르는 이유는, 실제로 그의 작품들이 모두 그의 소설 속에 등장하는 몇 명의 대화자들 사이에서 오가는 대화로 구성되어 있기 때문이다. 이처럼 대화로만 채워진 그의 작품들은 그저 등장인물 사이에 오가는 대화를 따라가기만 하면 되기 때문에 읽기가 평이하고 쉽다. 물론 작품을 통해 플라톤이 전하고자 했던 모든 철학적 요지를 이해하려면 추가적인 공부와 이해가 필요하지만, 초보자 수준에서도 그저 그의 스토리를 따라 작품을 한번 읽는 것만으로 얻어지는 일차적 교훈의 깊이는 결코 가볍지 않다.

게다가 무릇 뛰어난 극작가라면, 자신의 첫 번째 임무가 바로 독자들을 위한 재미를 놓치지 않아야 한다는 사실을 잘 알고 있을 것이다. 플라톤 역시 이 사실을 누구보다 잘 알고 있었으며, 그의 대화편 모두에 짜임새 있는 스토리와 놀라움을 자아내는 반전, 그리고 대화 곳곳에서 들려주는 아름다운 신화 이야기 등 작품 여기저기마다 보석 같은 재미를 듬뿍 숨겨놓았다.

플라톤의 작품이 인기 있는 또 다른 이유는 바로 그가 자신의 작품에서

다루고 있는 주제들이 우리의 삶과 일상에 매우 가까이 있으면서도 큰 중
요함을 가지는 것들이기 때문이다. 예를 들면 플라톤은, 그의 대표작인
《국가》에서 정의라는 주제를 다루며 가장 올바른 삶에 대해 이야기하고
있으며, 《향연》과 《파이드로스》에서는 사랑에 대해, 그리고 《파이돈》에서
는 사형선고를 받은 소크라테스가 독배를 마시던 날, 감방으로 찾아온 그
의 친구들과의 대화를 통해서 삶과 죽음 그리고 영혼에 대한 이야기를 전
하고 있다. 비록 플라톤은 평생 저 멀리 결코 닿을 수 없는 높은 곳에 있
는 이데아의 세계를 동경했던 철학자였지만, 작품 속 그의 주제는 결코
땅에서도 그리고 우리의 삶에서도 떨어진 적이 없다.

전해지는 신뢰할 만한 이야기에 따르면 플라톤은 원래 두 가지 종류의
글을 썼다고 한다. 학자들을 위한 전문적인 논문 또는 강의록, 그리고 일
반인을 대상으로 쓴 오늘날 우리가 읽고 있는 대화편이 그것이다. 그런
데 시간이 지나면서 플라톤이 학자들을 위해 썼던 논문들은 모두 유실되
어버리고 지금의 대화편만 남게 되었다고 한다. 물론, 학자들에게는 플라
톤의 논문들이 사라져버린 것이 분명 안타까운 손실이겠으나, 그 덕분에
플라톤은 세상에서 가장 재미있고 읽기 편한 철학 작품을 남긴 철학자로
사랑받으며, 결과적으로 지난 2,400년간 최고의 인기를 누리는 철학자가
되었다.

오늘날 우리가 소크라테스라는 인물과 그의 철학을 기억하고 있는 이
유는 모두 플라톤의 대화편들 덕분이다. 소크라테스 자신은 단 한 편의
글도 남기지 않았지만, 40여 편에 달하는 플라톤의 작품 중 일부를 제외

하고는 모두 소크라테스가 주인공으로, 또는 결코 빠져나갈 수 없는 그 악명 높은 철학 질문들로 등장인물을 괴롭히는 미워할 수 없는 악당으로 등장한다. 플라톤은 스승 소크라테스를 더없이 사랑하고 존경했던 만큼, 그리고 그의 억울한 죽음을 누구보다 안타까워했던 만큼, 스승에게 자신이 할 수 있는 최고의 선물을 헌사했다. 바로 자신의 펜으로 그에게 불멸의 삶을 선물한 것이다.

플라톤은 뛰어난 극작가답게 자신의 철학을 강하게 전개하면서도 언제나 빠져나갈 구멍을 만들어놓았다. 그가 만들어놓은 최고의 탈출구가 바로 소크라테스이다. 플라톤 자신은 대화편 어디에도 등장하지 않으며, 오직 작품의 등장인물인 소크라테스의 입을 통해서만 자신의 철학을 전달한다. 이 때문에 플라톤의 철학을 향해 날아드는 모든 비판의 돌은 소크라테스가 대신 맞게 된다. 스승은 이렇게 자신에게 불멸의 삶을 선물해준 제자에게 그를 위한 영원한 방패가 되어 보답을 하고 있는 것이다. 이 얼마나 아름다운 사제지간인가. 어쩌면 플라톤의 대화편은 역사상 가장 아름다운, 두 천재 철학자 사제 간의 러브 스토리이기도 하다.

철학 역사상 가장 아름다운 러브스토리 《향연》

많은 이들이 플라톤을 소개하는 첫 번째 작품으로 《국가》를 꼽는다. 그리고 그것은 분명 탁월한 안목이다. 《국가》는 플라톤의 모든 철학을 함축적으로 담고 있는 대단한 작품이기 때문이다. 하지만 나는 정의라는 다소 무거운 주제를 다루고 있는《국가》보다는, 사랑이라는 예쁘고 귀여운 주제를 다루고 있는《향연》을 플라톤의 대표작으로 여기에 소개하려고 한다.

사랑에 대해 이토록 아름다운 이야기를 들려주는 철학 작품은 어디에서도 찾아보기 어려우며, 스토리의 전개도 빠르고 작품의 길이도 매우 짧기 때문에, 아무래도 상대적으로 길고 무거운《국가》에 비해 플라톤의 매력을 부담 없이 접하기에 매우 적합하다. 특히 대화 중 아리스토파네스가 들려주는 신화 이야기는 아마도 역사상 사랑에 대해 전해진 모든 신화 중에서도 가장 슬프고도 애절한 이야기로, 그래서 누구에게나 음미할 만한 가치를 가진다.

우리는 모두 사랑에 관심이 많다. 나 역시 삶에서 가장 중요한 것은 오직 사랑에 대한 올바른 이해와 실천뿐이며, 그 외 나머지는 모두 사랑을 향한 노력의 다양한 이름일 뿐이라는 믿음을 가지고 있다. 그리고《향연》은 우리가 사랑에 대해 가지고 있는 크고 작은 오해를 풀어주고, 진정한 사랑이 무엇인지 이해할 수 있도록 도움을 주는 한 편의 훌륭한 이야기다.

아테네 최고의 극작가였던 아가톤은 레나이아의 비극 경연 대회에서 우승한다. 그는 자신의 우승을 축하하기 위해 집으로 친구들을 불러 향연을 여는데, 소크라테스를 비롯한 당시 아테네의 많은 유명 인사들이 그를 축하해주기 위해 참석한다. 이들은 전날 과하게 마셨던 술 때문에 아직 숙취가 남아 있는 관계로, 에로스에 대한 대화를 나누며 쉬엄쉬엄 마실 것에 동의한다. 그렇게 사랑의 신 에로스에 대한 대화가 시작된다.

거의 언제나 그렇듯 소크라테스가 아닌, 다른 이들이 먼저 이야기를 시작한다. 이것은 소크라테스가 등장하는 플라톤의 다른 대화편에서도 흔히 볼 수 있는 광경인데, 그 이유는 일단 다른 이들이 자신의 주장을 펼쳐놓으면, 마침내 소크라테스가 입을 열며 그들의 주장을 하나씩 철학적으로 도전하기 위함이다. 물론, 나는 여기에 '도전하기 위함이다'라고 다소 완곡한 표현을 쓰기는 했지만, 《철학 이야기》를 쓴 윌 듀런트의 표현을 빌려보자면, 소크라테스는 다른 대화자들을 향해 자신의 '철학 전쟁의 개들'을 풀어놓아 그들의 논리를 사정없이 물어뜯기 위해 먹이가 차려질 동안 얌전히 기다리는 것뿐이다. 일반적으로 볼 때, 먼저 발표하는 대화자의 주장이 화려하면 화려할수록, 그리고 그들의 확신이 강하면 강할수록 이후 달려들 소크라테스의 개들은 더욱 풍성한 식사를 즐기게 된다.

이날 모임에서는 참석자 가운데 가장 나이가 어린 파이드로스가 먼저 이야기를 시작한다. 그는 위대한 현자 파르메니데스가 에로스의 기원을 언급했던 것에 대해 이야기한다. "모든 신 가운데 맨 먼저 에로스를 생각해냈다." 그는 이것을 근거로 에로스는 가장 오래된 신이며 또한 가장 위대한 신 중 하나라고 열의에 찬 모습으로 주장한다. 그는 이어서, 그래서 에로스는 인간에게 가장 큰 은혜를 베푸는 고마운 신으로서, 우리가 훌륭하게 살아갈 수 있도록 해준다고 덧붙인다. 그는 훌륭한 삶이란 비겁하게 행동하는 것에서 수치심을 느끼고 훌륭하게 행동하는 것에서 자긍심을 느끼는 태도인데, 사랑하는 두 연인(두 남자)은 자신이 수치스러운 행동을 하는 것을 절대로 연인에게 들키고 싶어 하지 않는다고 말한다. 반대로 자신의 용기와 덕 있는 행동은 연인이 목격하기를 바란다. 따라서 국가든 군대든 최선의 결과를 얻으려면 구성원이 이런 연인들로 이루어지도록 해야 한다고 주장하며, 이런 연인 간의 태도가 가능토록 해주는 것이 에로스의 사랑이기 때문에, 에로스는 분명 가장 위대한 신이라 말하며 자신의 주장을 마무리한다.

여기에서 파이드로스가 연인들을 언급하며 남녀가 아닌 두 남자로 표현한 것은 당시 아테네에서는 동성애가 일반적인 사랑의 형태였기 때문이다. 오히려 남녀 간의 사랑보다 동성 간의, 특히 남자와 남자 사이의 사랑은 가장 우월한 형태의 사랑으로 여겨졌다. 소크라테스 역시 전설적인 악처 크산티페와 결혼을 해 자식까지 있었지만, 그녀와 결혼하기 전까지는 어린 소년들과 사랑을 즐겼으며, 여기《향연》에도 등장하는 미모의 청년 알키비아데스 역시 한때 소크라테스의 연인이었다. 이렇게 당시 아테네에서는 남자들 사이에서의 사랑은 권장되고 활발했던 반면, 여자들은 오직 출산만을 위해 존재하는 미개하고 열등한 존재로서의 차별을 견뎌야만 했다. 당시 아테네는 최고의 철학자들을 배출하는 일등 문명국이었지만, 모든 면에서 문명적이었던 것은 아니었던 것이다.

파이드로스가 연설을 마치자, 말 잘하는 소피스트인 파우사니아스가 이야기를 이어받는다. 그는 대뜸 에로스는 한 명이 아니고 둘이라고 주장하며 이야기를 시작한다. 나이가 더 많은 에로스는 우라노스의 딸 우라니아이며 다른 한 명은 제우스의 딸인 '만백성의 아프로디테'라고 설명한다. 그래서 사실 인간이 추구하는 에로스에는 두 가지 종류가 있다고 주장한다. 고귀하신 우라니아의 에로스를 추구할 때 우리는 다른 사람의 지성과 남성적인 면(인간의 본성 중 더 우월하다고 생각되는)을 지향하는 반면 만백성의 아프로디테의 에로스를 추구할 때에는 말 그대로 선악을 생각지도 않고 아무렇게나 닥치는 대로 일을 해치운다고 설명한다. 따라서 이 두 번째 에로스를 추구하는 이들은 상대의 혼보다는 몸을 더 사랑하며, 되도록 덜 지성적인 이들을 연인으로 삼으려 하고, '심지어' 남자보다 여자를 더 사랑하기도 한다며 흥분하여 설명한다. 그는 뛰어난 소피스트답게 자연스럽게 존경할 만한 이야기로 자신의 연설을 마무리하는데, 즉 사랑의 가치는 몸이 아닌 덕을 추구하는 것에, 그리고 그 결과가 아닌 동기에 있다고 주장하며 이야기를 마친다.

플라톤은 모든 물질적인 추구를 극도로 폄하했다. 우리가 플라토닉 사랑이라고 일컫는 것은 오직 정신과 정신 사이에서 이루어지는 사랑이다. 앞서 소크라테스가 미소년들과 사랑을 나누었다고 말한 바 있다. 그것은 사실이지만, 소크라테스가 나누었던 사랑은 플라토닉 사랑이었다. 그에게 있어 사랑의 행위란, 자신의 연인이었던 미소년들에게 철학을 가르쳐 그들의 영혼이 더 아름답게 성장할 수 있도록 지혜의 물을 주는 것이었다. 물론 그것은 소크라테스였기에 가능했던 모습이고, 대부분의 아테네인들은 파우사니아스의 표현처럼 이것저것 가리지 않고 닥치는 대로 일을 해치우는 그런 사랑을 했다.

소크라테스가 전하는 사랑의 실체

―

이후 의사인 에릭시마코스가 의사의 입장에서 그다지 인상적이지 않은 짧은 주장을 펼치고, 이어서 이야기를 넘겨받은 희곡 작가 아리스토파네스는 앞서 연설한 이들과는 다른 아주 흥미롭고 신비로운 전설에 대해 이야기를 시작한다. 그가 들려준 전설에 따르면 인간의 성은 원래 셋이었다. 남성과 여성 그리고 이 두 가지 성이 합쳐진 남녀추니가 그것이었다. 그리고 그들은 지금의 인간의 모습과는 상당히 다른 모습을 하고 있었다.

그들은 모두 둥근 공처럼 생긴 몸을 가지고 있었다. 이들에게는 각각 네 개의 팔과 같은 수의 다리가 있었고, 목 위에는 모든 점에서 닮은 두 개의 얼굴이 각기 반대 방향으로 자리 잡고 있었다. 그들은 귀도 넷이고 생식기도 둘, 그리고 몸의 나머지 모든 부위도 각각 그렇게 두 쌍으로 가지고 있었다. 그들은 힘이 아주 세었고 어느 방향으로든 빨리 달리고 싶을 때에는 몸을 마치 공처럼 굴리며 곡예사가 두 다리를 쫙 펴고는 빙빙 돌며 옆으로 재주넘기를 하듯 엄청난 속도로 이동할 수 있었다. 힘이 세고 빨리 움직일 수 있었던 이들은 어느 날 자신들의 능력을 과대평가한 나머지 신중의 신인 제우스에게 대항하기로 결심한다. 인간들이 공격해 오자 제우스는 불같이 화를 냈다. 그러나 제우스는 그들을 죽음으로 벌하는 대신 한 가지 기가 막힌 묘안을 생각해냈다. 마치 실로 삶은 달걀을 반으로 자르듯 그들을 둘로 잘라버린 것이다. 이로써 제우스는 두 마리의 토끼를 얻게 된 셈이었다. 우선 반으로 갈라져 힘이 약해진 인간들은 더 이상 신에게 대들지 못하게 되었고, 인간의 수도 이전보다 정확히 두 배로 많아져 그들이 올리는 제사와 재물의 양도 두 배로 늘어났기 때문이다. 역시 제우스가 변신을 잘하고 번개만 잘 던져서 신 중의 왕이 된 것은 아니었다.

제우스가 자신이 생각해낸 묘안에 몹시 흡족해하고 있을 무렵, 아래 인간 세상에서의 상황은 조금 달랐다. 갑자기 둘로 갈라진 인간들은 헤어진 자신의 반쪽을 그리워하며 찾아 헤매고 다니기 시작한 것이다. 서로를 찾아 헤매다 자신의 짝을 만나기라도 하면, 둘은 다시는 서로를 놓지 않으려고 계속 부둥켜안고는 아무것도 하지 않아 그대로 굶어 죽어가기 시작한 것이다. 이 모습을 지켜본 제우스는 그들을 불쌍히 여겨 작은 자비를 베풀기로 결심했다. 그들의 생식기를 앞쪽으로 옮겨주고 (이때까지는 아직 그것이 바깥쪽으로 있었다) 그들의 둥근 배를 납작하게 만들어주었다. 그래서 그들이 서로를 부둥켜안고 있는 동안 생식을 하여 자식을 낳을 수 있도록 해주었으며, 동성이 갈라진 반쪽들의 경우 비록 자식을 낳을 수는 없었지만 적어도 성욕이라도 충족시켜 잠시 숨을 돌리고 다시 일상으로 돌아갈 수 있게끔 배려한 것이다. 아리스토파네스의 이야기에 따르면 사랑하는 연인들은 본래 한 몸이었고, 사랑이란 그들이 다시 완전한 전체가 되고 싶어 하는 마음에 붙여진 오래된 이름이다.

아리스토파네스가 전해주는 이 슬픈 신화에 따르면 우리가 둘이 한 몸이 되는 생식의 활동을 갈망하는 이유는 아주 오래전 자신과 헤어진 그 잃어버린 반쪽과 함께였던 기억이 떠오르기 때문이다. 생식의 활동을 통해 한 몸이 되는 그 짧은 시간 동안 우리는 아주 오래전 우리가 둘로 갈라지기 전 본래의 완전한 모습으로 존재하는 듯한 착각 속에서 찰나의 황홀경을 경험하는 것이다.

아리스토파네스의 이야기가 끝나자, 그날의 주인공이자 희곡 대회의 우승자인 아가톤은 가장 화려하고 아름다운 표현들로 에로스를 찬양하기 시작한다.

아가톤은 에로스야말로 모든 신들 중 가장 아름답고 행복한 신이라고 주장한다. 또한 에로스는 가장 훌륭한 신이기까지 하다고 덧붙인다. 이 때문에 에로스는 모든 신과 인간의 혼 중 가장 부드럽고 훌륭한 혼에만 자신의 거처를 삼는다고 설명한다. 에로스의 혈색이 좋은 이유는 그녀가 꽃 속에 살기 때문이며, 그래서 모든 향기로운 곳에는 에로스가 존재한다고 주장한다. 에로스는 모든 아름다운 것을 추구하고 또 그녀가 거쳐간 것은 가장 아름다운 것이 된다고, 그래서 그녀가 거쳐간 혼들은 시인이 되고 또 예술가가 된다고 설명하며, 에로스야말로 모든 예술의 뿌리라고 칭송하며 아가톤은 이야기를 마친다.

드디어 소크라테스가 입을 열고 자신의 개들을 풀어놓는다. 아래의 짧은 대화를 보면, 우리는 소크라테스가 자신의 산파술을 이용해 어떻게 사람들로 하여금 자신의 무지를 깨닫고 인정하게 만드는지 목격할 수 있다.

그는 아가톤을 향해 질문을 시작한다.

"에로스가 어떤 것을 원하고 사랑한다면 자신이 원하고 사랑하는 것을 소유하고 있어서인가, 아니면 소유하고 있지 않아서인가?"

"아마도 소유하고 있지 않아서겠지요."

"살펴보게, '아마도'가 아니라 '반드시' 원하는 주체는 자기에게 결여된 것을 원하고, 결여되지 않으면 원하지 않을 걸세. 자네는 어떻게 생각하나?"

"저도 그렇게 생각해요."

"좋았어. 누군가 키가 크다면 키가 크기를 원할까? 누군가 힘이 세다면 힘이 세기를 원할까?"

"우리의 합의 사항에 따르면 그것은 불가능해요."

"따라서 이 경우에는 이 사람도 그리고 원하는 다른 사람도 모두 아직 주어지지 않아서 지금은 없는 것을 원하는 걸세. 그러니 갖고 있지 않은 것, 그 자신의 것이 아닌 것, 결여되어 있는 것, 이런 것들이 욕망과 사랑의 대상이 될 수 있네."

"물론이지요."

"그렇다면 에로스는 아름다움에 대한 사랑이지 추함에 대한 사랑이 아니겠지? 그런데 에로스는 결여되어 갖고 있지 않은 것을 사랑한다고 우리가 합의하지 않았던가? 그렇다면 에로스는 아름다움이 결여되어 있고, 아름다움을 갖고 있지 않네."

"그럴 수밖에 없겠네요."

"이래도 자네는 여전히 에로스가 아름답다고 주장할 텐가?"

"소크라테스 선생님, 제가 아무것도 모르면서 그때 그런 말을 한 것 같네요."

    자신의 개들이 아가톤을 충분히 물어뜯었다고 만족한 소크라테스는 실은 자신도 예전에는 에로스에 대해 아가톤과 같은 믿음을 가지고 있었다고 이야기하며 손님들 앞에서 만찬의 주인공을 바보로 만들어버린 무례를 적당히 수습했다. 그리고 그는 그가 오래전 만났던 만티네이아의 예언자 디오티마에게서 들은 에로스의 이야기를 들려준다.

    디오티마는 소크라테스에게 에로스가 태어났던 날의 이야기를 전해준다. 언젠가 아프로디테가 태어난 것을 축하하기 위해 신들은 잔치를 벌였다. 올림포스의 모든 신들이 아프로디테의 탄생을 축하하기 위해 잔치에 모였는데, 그중에는 제우스의 첫째 부인인 꾀의 여신 메티스의 아들 포로스도 있었다. 포로스는 방편의 신으로서 어머니의 꾀를 물려받아 어떤 상황에서도 필요한 방편을 생각해낼 줄 아는 지혜로운 신이었다. 잔치가 무르익어갈 무렵, 신들이 잔치를 벌일 때마다 늘 그러하듯 가난의 여신 페니아가 구걸을 하기 위해 문간 앞에 서성거리고 있었다. 이때 페니아의 눈에 포로스가 들어왔다. 포로스는 술을 많이 마신 탓에 취기를 이기지 못하고 제우스의 정원으로 들어가 그곳에 누워 잠을 자고 있었던 것이다. 방편이 없어 늘 가난하고 추할 수밖에 없었던 페니아는 아이를 갖기로 결심하고 몰래 잠든 포로스 옆으로 가 누웠다. 사랑의 신 에로스는 그렇게 잉태되었다.

    그렇게 태생적으로 방편과 가난을 모두 가지고 태어난 에로스는 자신의 부모의 특징을 모두 가지게 되었다. 그 때문에 에로스는 사람들이 생각하는 것처럼 아름답고 부드럽고 행복하기보다는 늘 결핍이 따라다니며 외롭고 추운 존재라고 디오티마는 설명한다. 그래서 에로스는 언제나 아름다운 것, 부드러운 것 그리고 따뜻하고 행복한 것을 갈망한다. 그런 에로스가 늘 불행한 것은 아니었다. 아버지 포로스에게 물려받은 방편의 자질이 빛을 발할 때에는 종종 그는 가장 힘든 상황에서도 방편을 마련하여 아름다움과 행복함을 획득하기도 했다. 하지만 어머니로부터 물려받은 유산 때문에 그의 이런 방편은 곧 썰물처럼 빠져나가버리고, 그는 다시 춥고 외로운 상태로 되돌아가버리는 것이다.

디오티마는, 에로스는 자신이 가지지 못한 지혜와 아름다움을 늘 갈구하는 입장에 서 있다고 말한다. 사람들은 대부분 에로스를 사랑스러운 대상, 다시 말해 사랑받는 대상으로 생각하지만 사실 에로스는 사랑을 하는 주체 또는 사랑하게 만드는 힘이라고 말해준다. 그렇다면 사랑을 받는 대상은 무엇으로 그 사랑을 요구하는가? 디오티마는 그것이 아름다움이라고 대답한다. 인간이 아름다운 대상을 발견하게 되면 에로스는 그의 혼으로 들어가 그가 그것을 소유할 수 있는 방편을 찾을 수 있도록 도와준다. 우리는 아름다움에 이끌려 사랑을 느끼고 그것을 소유하고 싶어 하는 것이다. 에로스는 바로 인간과 아름다움 사이에 개입하여 사랑이라는 이름의 힘으로 불리며 활동하는 정령인 것이다.

디오티마는 모든 인간은 임신 중이라는 말을 하며 이야기의 클라이맥스로 소크라테스를 이끈다. 사랑이란 아름다운 것, 곧 가장 좋은 것을 영원히 소유하기 바라는 욕망이다. 또한, 사랑은 정령의 도움으로 신의 모습을 인간이 추구할 수 있도록 해주는 힘이다. 신의 특징 중에는 아름다움과 지혜 외에도 불멸이 포함된다. 인간이 육체적으로 그리고 정신적으로 임신 중인 것은 출산을 하기 위함이다. 필멸의 존재가 신들처럼 불멸을 추구할 수 있는 유일한 방법은 생식과 출산을 통해서뿐이다. 나와 똑같은 아이를 낳음으로써 우리는 영원을 추구하는 것이다. 따라서 생식이란 에로스의 도움으로 영원을 추구하려는 인간의 방편이다. 한편, 몸보다는 혼에 더 많이 임신하는 자들이 있다. 그들이 바로 예술가들이다. 그들은 다른 사람들의 정신 속에서 영원한 삶을 누리기를 원하는데, 그들을 위해 에로스가 제공하는 방편이 바로 시와 노래 그리고 예술 작품들이다. 무려 2,400년이 넘는 세월이 흘렀지만 여전히 우리의 정신 속에서 살아 숨 쉬는 플라톤 역시 에로스의 방편으로 출산한 그의 철학으로 인해 영생을 누리고 있는 것이다.

소크라테스의 입을 빌려 플라톤이 들려주는 디오티마의 사랑 이야기의 결론은 이렇다. 사랑이란 신과 영원에 대한 갈망이다. 우리의 영혼은 그 갈망을 충족시키기 위해 늘 임신 상태에 있다. 생식은 불멸을 향한 사랑의 방편이며, 예술가들의 작품은 신의 세계, 즉 이데아를 향한 영혼의 출산이다. 그리고 이 모든 사랑을 필멸에서 불멸로, 또 육체에서 정신으로, 인간에서 신으로 이동시키는 그 위대한 힘은 아름다움이며, 모든 아름다움 중 최고의 아름다움은 바로 진리이다. 이미 독자들도 알고 있겠지만, 철학이라는 단어의 어원은 지혜에 대한 사랑이다. 진리는 지혜를 통해 얻어지는 것이므로, 결국 인간 중 가장 높은 수준의 사랑을 누리는 이들은 바로 지혜를 사랑하는 이들, 즉 철학자라고 플라톤은 말하고 있다.

마키아벨리,
사자의 영혼을 가진 토끼

악마라는 오해

—

"우리는 인간이 어떻게 행동한다고 생각하는 믿음이 아니라, 실제로 인간이 어떻게 행동하는가를 알려준 마키아벨리에게 큰 신세를 졌다." 프랜시스 베이컨의 말이다. 마키아벨리가 쓴 《군주론》은 모두가 비난하지만 돌아서서는 몰래 참고한다는 별명이 붙어 있는 책이다. 그만큼 《군주론》은 지난 500년간 서양 세계에서 성경 다음으로 가장 많이 읽혀온 책이다. 그것은 플라톤의 《국가》보다 그리고 셰익스피어의 희곡들보다도 많은 독자를 가지고 있다.

　마키아벨리는 어릴 적부터 고전을 가까이 해온 훌륭한 인문학자였고,

여자를 좋아했던 난봉꾼이었으며, 주변 사람들로부터 존경받던 훌륭한 이웃이었고, 많은 의미를 함축적이면서도 우아하게 풀어낸 세련된 글을 쓸 줄 아는 작가였다. 그리고 그 무엇보다 언제나 신중한 관찰을 통해 얻어낸 신뢰할 수 있는 경험에 의해서만 판단할 줄 알았던 지혜로운 외교관이었지만, 동시에 역사상 가장 혹독한 비난을 감내해야만 했던 비운의 철학자였다.

우리가 그를 피도 눈물도 없는, 언제나 진지하고, 잔혹하고, 인간미 없는 사람이었을 것이라고 추측하는 것도 무리는 아니다. 그리고 실제로 그에게 그런 면이 전혀 없었더라면, 공직에서도 또 삶에서도 그는 결코 살아남지 못했을 것이다. 그는 친구와 이웃에게 다정했으며 까다로운 협상을 위해 찾아간 상대국 외교 대표들에게도 쉽게 친분을 이끌어낼 만큼 인간미 넘치는, 가까이 하기 즐거운 사람이었다.

하지만 역사는 마키아벨리를, 가장 친절한 표현을 사용한 경우에도 악마의 교사 정도로 소개하고 있다. 그래서 우리는 그가 부당한 권력을 동경했으며, 힘으로 약한 자를 짓밟으라고, 군중들로부터 사랑받는 통치자가 되기보다는 그들을 공포에 떨게 만드는 것이 유익하다고, 속임수와 배신으로 권력을 차지하는 것은 비난의 대상이 아닌 칭송받아야 할 예술이라고 군주들을 설득했던 매정하고 비열한 냉혈한으로 알고 있다. 그의 대표작《군주론》만 읽고 그것이 쓰인 배경에 관심을 가지지 못했다면 충분히 이해할 만한 오해들이다. 《군주론》은 그의 철학을 담은 책이 아니다. 그가 외교관으로 활동하며, 관찰하고 경험한 지혜를 정리한 일종의 보고서였다. 그리고 그것은 피렌체 공화국이 해체된 후 권력을 잡은 메디치가의 환심을 얻기 위해 그가 제출한 일종의 취업용 이력서였다. 그것은 인간 마키아벨리의 고해성사라기보다는 잔혹한 통치자들에게 전략적으로 아부하기 위해 바치는, 역사와 자신의 경험 자료들의 일부분만을 강조한 보고서에 가까웠다. 또한 일자리를 빼앗기고 고문까지 당한 후 유배지에서 삶의 무기력과 싸우고 있던 약자 마키아벨리가 다시금 일어서기 위해 펼친 마지막 몸부림이었을 뿐이다. 《군주론》은 마키아벨리가 아니다.

책을 사랑한 현자

—

강대국 사이에서 위태롭게 생존의 끈을 잡고 있던 조국 피렌체와 마찬가지로 어린 시절 마키아벨리의 처지 역시 가난하고 위태로웠다. 법률가였지만 경제적으로는 궁핍했던 아버지 베르나르도는 세금을 내지 못한 이력 때문에, 자신은 물론 아들 마키아벨리의 출셋길마저도 막아버렸다. 당시 피렌체 공화국에서는 세금을 내지 못한 자뿐만 아니라 그 자손들까지도 공직에 오르지 못하도록 막는 법률이 있었기 때문이다. 하지만 베르나르도는 아들에게 고전 교육이라는 황금 열쇠를 물려주었다. 베르나르도는 돈이 생기면 무엇보다도 라틴어나 당시 이탈리아 토착어로 번역된 최신판 고전 작품을 사들일 정도로 책을 사랑한 사람이었다. 또한 《비망록》에 소개된 그의 장서 리스트를 보면 그가 단순히 책을 사랑한 것만이 아닌, 책을 고르는 안목 역시 상당히 탁월한 독자였다는 사실을 알 수 있다.

그의 장서 중 마키아벨리의 인생에 가장 커다란 영향을 미친 책은 바로 리비우스의 《로마사》였다. 이 책은 베르나르도의 모든 장서 중 가장 값진 것이었다. 《평전 마키아벨리》를 쓴 마이클 화이트의 표현에 따르면 그 책은 '베르나르도에게는 자랑이었고 가족에게는 숭배의 대상'이었다. 마키아벨리가 리비우스의 책에서 배운 로마의 지혜들은 훗날 그가 외교관으로 활동하는 데 소중한 참고 사례로 활용되며 커다란 가치를 발휘하게 된다. 또한 《군주론》과 함께 그를 대표하는 작품인 《로마사 논고》는 사실상 리비우스의 책에 대한 주석서로서의 성격을 가진 책이었다. 《군주론》과 《로마사 논고》 각각의 작품에서 우리는 두 명의 다른 마키아벨리를 만날 수 있다. 마키아벨리는 《군주론》에서 잔혹한 군주정을 옹호한 것과는 달리 《로마사 논고》에서는 위대한 공화정의 상징이었던 로마의 체제를 가장 완벽한 국가의 모델로 그리고 있다. 이 두 책의 주장은 서로 모순되지만, 그의 삶이 어떻게 흘러갔고 또 각각의 책이 언제, 왜 그리고 누구를 위해 쓰인 것인지 이해한다면 그 모순을 통해 우리는 인간 마키아벨리의 삶과 정신을 통합적으로 완성할 수 있다.

마키아벨리는 고전 공부를 통해 불리했던 가정환경과 변변찮은 학벌을 뛰어넘는 성공을 이루어낸 인물이다. 그만큼 그는 책, 특히 고전에 대한 마음이 남달랐다. 그는 평생 책을 가까이 했으며, 그가 공직에서 쫓겨나 유배지나 다름없던 산탄드레아의 시골집에서 무력한 시간을 보내고 있을 때에도 그가 선택한 도피처는 당연히 책이었다. 훌륭한 성품을 가졌던 그에게는 평생 가까이 두고 편지를 왕래하던 좋은 친구들이 몇 있었는데, 그는 이들에게 자신이 씨름하고 있는 정치적 상황에 대한 고민에서부터 입에서 악취가 나던 매춘부와의 하룻밤까지 그 모든 것을 수많은 편지로 나누었다. 그 스스로가 모든 것이 끝나버린 해라고 선언했던 1512년 다음해, 가장 각별했던 친구이자 당시 플로렌스의 로마 대사로 재직하고 있던 프란체스코 베토리에게 보냈던 편지에서 우리는 역사상 가장 아름다운 책에 대한 예우를 발견할 수 있다.

"밤이 오면, 나는 집으로 돌아가 서재를 찾는다네. 서재의 문 앞에서 나는 낮 동안 입고 있던 흙과 먼지가 묻은 옷을 벗고는, 왕궁의 옷으로 갈아입는다네. 그러고 나는 나의 영혼을 위한 지혜의 음식이 기다리고 있는 그곳으로 들어가 고대의 성현들에게 묻곤 하지. 당신들은 그때 왜 그렇게 행동하셨는지, 무엇이 당신들을 그렇게 행동하게 하였는지. 매일 그들과 함께한 그 네 시간 동안 난 지루함도, 나의 가난도, 그리고 내 모든 고통도 잊을 수 있었다네. 그것은 죽음에 대한 두려움조차도 잊게 만든 나에게 가장 소중한 행복이었다네."

이미 공직에서 내려온 그였지만, 매일 저녁 그는 자신의 서재에 들어갈 때 마치 프랑스의 왕을 접견하거나 교황을 알현할 때처럼 최고의 예우를 다하기 위해 다시 깨끗한 관복을 꺼내어 차려입고 옛 천재들과의 만남을 준비했다. 그는 책을 지식을 담고 있는 종이 뭉치 정도가 아닌, 육신은 가고 없지만 글로 남은 성현들의 영혼으로 여기며 극진히 예우했다. 그가 매일 저녁 네 시간의 이런 소중한 만남을 가졌던 시기에 그의 대표작《군주론》이 탄생한 것도 우연은 아닐 것이다.

그는 책을 통해 세금 미납자의 아들이라는 비천한 자신의 신분으로는 결코 올라갈 수 없었던 관직에 올라갔고, 그곳에서 내려온 이후에도 다시 또 이들 성현들의 도움으로 자신을 불멸의 철학자로 기억되게 해줄 작품 《군주론》을 남기게 된 것이다. 강자는 많은 것을 가진 사람이며 약자는 아무것도 없는 사람이다. 따라서 그의 삶에서 단서를 찾아보건대, 약자가 더 가질 수 있는 것은 거의 모두 책에서만 구할 수 있는 것, 그리고 자신의 경험을 면밀히 관찰함으로써 얻을 수 있는 것뿐인지도 모른다. 마키아벨리는 그 두 가지에서, 그가 옛 성현들에게 그랬듯 세상의 모든 통치자들이 자신의 지혜를 존중하고 그의 글로부터 답을 찾도록 만들며, 스스로를 성현의 반열에 올려놓는 힘을 얻었다. 적어도 마키아벨리의 위대함 그 절반은 책과 책을 대하는 그의 태도로부터 태어났다.

토끼 같은 외모 뒤에 감추어진 사자의 영혼

—

우리에게 잘 알려진 마키아벨리의 초상을 보면 그는 마치 소년과도 같은 가녀린 모습을 하고 있다. 짧게 자른 머리에 작은 두상, 그리고 조금은 큰 듯 보이는 관복을 걸친 그의 모습에서 강인함의 흔적이라고는 오직 지성으로 빤짝이는 그의 두 눈빛 외에는 찾아볼 수가 없다. 하지만, 사람은 외모로 판단하는 것이 아니라는 오랜 격언이 진실임을 마키아벨리가 감옥에서 보여준 모습을 통해 우리는 알 수 있다.

피렌체 공화국이 무너지며 새로 권력을 잡게 된 메디치가는 그가 이전 정권에서 고위 공직에 있었다는 사실과 메디치가에 대해 암살을 음모했다는 죄목으로 그를 고문한다. 때는 2월로, 당시 그가 갇혀 취조를 받던 바르젤로 궁의 감옥은 공기가 얼어붙을 정도로 추웠으며 환기도 거의 되지 않는 곳이었다. 사실 마키아벨리는 자신이 어떤 이유로 수감되었는지조차 몰랐다. 고문이 시작되자 무엇보다 암살 음모에 대한 취조가 집중적으로 이루어졌다.

그가 당했던 고문은 팔이 뒤로 꺾인 채, 밧줄에 손목이 묶여 천장 가까이까지 끌어올린 뒤 갑자기 떨어뜨렸다가 바닥에 닿기 직전에 멈추는 식이었다. 대부분 이 과정에서 어깨가 탈골되거나 머리부터 바닥에 떨어져 뇌진탕을 일으키기도 했다. 신이 보낸 메시아로 불리며 4년 동안 피렌체의 권력을 장악했던 그 유명한 사보나롤라도 단 두 번의 시도만으로 자신은 거짓 메시아라고 자백했을 정도로, 이 고문의 공포와 고통은 숨겨놓은 죄는 물론 없는 죄도 자백하게 할 만큼 전설적이었다. 마키아벨리는 무려 여섯 차례나 이 가혹행위를 당했지만, 거짓 자백을 하지 않고 버텨냈다. 마키아벨리는, 보통 사람이었다면 단 한 번도 참기 힘들었을 그 가혹한 고문을 여섯 번이나 참아내면서 자신의 토끼 같은 외모 뒤에 사자의 영혼이 숨어 있음을 보여주었다.

고문도 이겨낸 그였지만 그가 그토록 사랑하고 자랑스러워했던 공직에서 쫓겨난 사건은 강인한 그에게도 깊은 좌절을 안겨주었다. 사람을 관찰하는 것, 특히 위대한 권력을 휘두르던 시대의 권력자들을 직접 만나고 함께 일하는 것이 그에게는 큰 행복이었기 때문이다. 그리고 그가 재직 기간 동안 유럽을 종횡무진하며 조국 피렌체를 지켜내는 최전방 창과 방패로 활약했던 사실은, 그의 이름을 당시 유럽의 정계에서 매우 유명하게 만들어주었던 것만큼이나 그 자신에게도 커다란 자부심이었다. 하지만 이제는 공화국의 외교관으로 일했던 그의 공적 따위는 기억하지도, 아니 어쩌면 그 전에도 그런 것은 알지 못했을 정도로 낮은 곳에 사는 이웃들 속에 섞여 살며 무료한 세월을 보내야 하는 처량한 처지가 되어버렸던 것이다.

마키아벨리는 가장 먼저 《군주론》을 완성하여 피렌체를 장악한 메디치가의 수장 로렌초 데메디치에게 바치며 재기의 기회를 노렸다. 하지만 로렌초는 헌정을 위해 찾아온 마키아벨리보다 그 옆에 있던 개에게 더 큰 관심을 보이며, 그를 그리고 《군주론》을 완전히 무시해버렸다. 《군주론》이 아무런 관심도 받지 못하자 마키아벨리는 그가 이 새로운 정권에서 재기할 수 없을 것이라는 사실을 분명히 알게 되었다. 하지만 그는 그대로 무너지는 대신 새로운 돌파구를 찾아냈다. 놀랍게도, 코미디 작가로 변신한 것이다.

우리는 마키아벨리가 르네상스 시대의 모든 천재들 중에서도 두드러질 만큼 많은 양의 책을 읽었던 사람이며, 《군주론》에서 보여준 군더더기 없고 우아하며, 논점을 정확히 찌르는 더없이 적절한 표현들을 구사할 줄 아는 뛰어난 글쟁이였다는 것을 알고 있으면서도, 그가 자신의 그런 자원을 활용하여 말년에 성공한 극작가로 활동했다는 사실은 잘 알지 못한다. 그의 대표작인 《만드라골라》는 발표 직후부터 최고의 히트작이 되며 시장의 잡부부터 교황까지도 즐겨 보는 최고의 작품이 되었다. 그리고 그를 단숨에 유명 극작가로 만들어주었다.

천하 주유 막바지에 배고픔과 추위에 고통받던 공자 일행 중 제자 자로는 공자에게 군자가 이리 곤궁해도 되는 것인지 묻는다. 최고의 재상에 오를 위인과 그의 최고 제자들에게 당시의 현실은 어울리지 않는다고 느꼈던 것이다. 이에 대해 공자는 "군자고궁 소인궁람君子固窮小人窮濫"이라 대답한다. 즉 군자는 어려움을 통해 더욱 심지가 단단해지는 법이며 소인은 어려움에 처하면 풀어지고 무너진다는 뜻이다. 그런 면에서 마키아벨리는 분명 군자였다. 그는 어려움에서 불평거리를 찾아내는 대신 언제나 삶에서 웃음을 지켜내고 다시 일어설 수 있는 새로운 길을 찾던 강한 영혼이었다. 삶의 바닥에서 마키아벨리가 찾아낸 코미디 작가라는 직업은 그가 공화국의 외교관으로 근무하며 유럽 전역을 종횡무진 활동했을 때보다 오히려 더 많은 부와 인기를 가져다주었으며, 그렇게 그는 자신의 삶에 다시 한 번 새로운 생명을 불어넣었다.

우리는 성급히 그의 《군주론》을 펼쳐들고는 그것이 전하는 거칠고 냉혹한 조언들에 관심을 가지는 대신, 우선 인간 마키아벨리의 삶을 마치 한 권의 소중한 책을 읽듯 들여다볼 필요가 있다. 비록 한때 피렌체 공화국의 외교관으로 근무하며 권력의 가장 가까운 곳에서 활약하기도 했지만, 그의 삶 대부분은 가난과 위협 그리고 도저히 희망이라고는 보이지 않는 어둠이 짙게 내리누르던 좌절의 연속이었다. 그러나 그는 자신의 인생의 날씨가 좋을 때나 험할 때나 결코 희망도 그리고 웃음도 잃지 않았다. 삶의 모든 일이 순조롭게 잘 진행될 때에는 누구나 낙관론자가 될 수 있다. 하지만, 삶이 오직 좌절과 고통만을 요구할 때에도 낙관론자가 될 수 있는 힘은 오직 소수의 강인한 영혼만이 보여줄 수 있는 진정한 위대함이다.

그런 마키아벨리를 떠올려보며 우리는 자신 안에서 《군주론》의 마키아벨리가 아닌, 《만드라골라》의 마키아벨리를 발견할 수 있어야 한다. 왜냐하면, 삶은 우리에게 어떤 일이 일어나느냐가 아닌 그것에 대해 우리가 어떤 태도를 취하느냐에 따라 경험되는 것이기 때문이며, 바로 그것이 마키아벨리가 자신의 삶으로 쓴 책이 우리에게 남겨준 최고의 교훈이자 유산이기 때문이다.

니체,
초인을 꿈꿨던 아름다운 미치광이

삶을 사랑했던 외로운 초인

—

니체의 용어 중 가장 인상적이면서도 또한 가장 많은 논란을 불러일으킨 것은 아마도 초인^{Übermensch}일 것이다. 미국인들은 이 단어를 가져다 Superman이라는 단어를 만들어냈다. 하지만 니체가 말하고자 했던 초인은 망토를 걸치고 하늘을 날아다니며 초자연적인 힘을 발휘하는 Super-man이 아닌 Over-man이었다. 슈퍼맨 클라크 켄트는 크립톤이라는 외계 행성에서 날아온 외계인이지만, 니체의 초인은 인간에 대한 이야기이다. 그가 초인을 통해 우리에게 말하고 싶었던 것은 초능력과 괴력에 대한 이야기가 아닌, 우리 스스로가 자신을 가두고 있는 사회적, 정신적, 종교적 제약들을 극복해내고 가장 자유롭고 행복한 인간으로 거듭나는 과정에 대한 이야기였다. 니체에게 인간이란 극복해야 할 그 무엇이었으며, 삶이란 그것이 품은 모든 슬픔과 고통까지도 남김없이 끌어안고 사랑해야 할 숭고한 긍정의 대상이었다.

밀란 쿤데라는《참을 수 없는 존재의 가벼움》에서 토마시의 입을 통해 그가 도저히 참을 수 없었던 존재의 가벼움에 대해 이야기한다. 그것은 삶이 가진 단일성 때문이었다. "한 번은 중요하지 않다. 한 번뿐인 것은 전혀 없었던 것과 같다. 한 번만 산다는 것은 전혀 살지 않는다는 것과 마찬가지다." 니체는 이 가벼운 단일성 뒤에 영원회귀라는 위대한 철학을 가져다 붙임으로써 영원성을 부여했다. 영원회귀 철학은 발표 당시 다른 철학자뿐만 아니라, 그 철학이 의미하는 바를 이해한 모든 이들을 곤경에 빠뜨렸다. 왜냐하면 우리의 삶뿐만 아니라, 우리가 매 순간 하는 모든 선택들이 단 한 번으로 그치는 가벼움이 아닌, 그것이 영원히 반복될 것이라는 무거움을 부여받았기 때문이다.

따라서 니체는 초인과 영원회귀, 이 두 가지 철학을 통해 인간이라는 존재가 가진 가벼움 그리고 삶이라는 경험이 가진 단일성의 한계를 극복하고자 했다. 그래서 니체의 철학은 삶에 대한 무한한 긍정을 뜻하는 아모르 파티amor fati의 철학이며, 그 무한 긍정을 위해 매 순간의 즐거움을 온전히 누리라고 가르치는 카르페 디엠carpe diem의 철학이었다.

이처럼 니체는 인간과 삶을 긍정했고 또 사랑했다. 하지만, 그는 자신의 진짜 의도를 자주 오해받아왔다. 그 오해의 첫 번째 원인은 니체 그 자신에게 있었다. 그는 종종 솔직하지 않았기 때문이다. 그는 자신의 철학을 스스로가 삶에서 받아온 상처와 좌절을 변명하는 데 사용했다. 이 때문에 무엇인가 숨길 것이 있는 사람들이 으레 그렇듯, 그는 과장되고 지나치게 격양된 목소리로 자신을 나약하고 부끄럽게 만드는 모든 대상들을 향해 독설을 퍼부었다. 그는 자신의 정신적 뿌리였던 기독교를 노골적으로 비난했으며, 심지어 "신은 죽었다"라는 그 유명한 선언으로 신을 여러 번 죽이기까지 했다. 자신이 하는 말 속에 소크라테스의 목소리가 깊이 배어 있다는 사실도 자각하지 못한 채 플라톤을 평가절하했으며, 여성을 채찍으로 다루어야 할 미개한 존재로 그려냈다. 하지만 이런 모습들 대부분 그가 자신의 진심을 드러냈다고 볼 수는 없다. 그가 언제나 자신의 수줍음을, (마치 그를 퇴역군인처럼 보이게 만들었던) 그 어색한 수염과 무뚝뚝함으로 위장하려 했듯, 그는 결코 이루지 못했던 신과 플라톤 그리고 군대와 여성에 대한 자신의 사랑을 삐뚤어진 언어로 표현했던 것뿐이다. 그는 진실을 이야기하기엔 너무 내성적이었고, 그가 알고 지낸 모든 사람들로부터 거부당했으며, 또 자신이 최후의 피난처라고 믿었던 기독교와 기존의 철학들로부터도 충분한 위안을 얻지 못한 것에 대해 실망하고 마음이 너무 상해 있었을 뿐이다.

　니체가 자신의 행복을 위해 바랐던 이상은 그리 높지 않았다. 자신을 사랑해주고 이해해주는 착한 아내를 둔 평범한 군인 정도의 삶이었더라면 아마 그는 만족했을 것이다. 또는, 어릴 적 꿈이었던 성직자가 되었더라도 그는 분명 행복했을 것이고, 아마도 상당히 존경받는 목사가 되었을 것이다. 하지만 그는 스스로 성직자의 꿈을 버렸고, 어머니와 여동생을 제외하고는 자신을 사랑해주는 여인을 단 한 명도 만나지 못했으며, 타고난 질병과 허약한 체질로 한창 전쟁 중이라 분명 사람이 부족했을 군대에서조차 환영받지 못했다. 평범하고 소박한 삶을 가지지 못하게 되자, 그는 자신의 고독 속으로 도망쳐 그곳에서 초인을 창조해내며, 마치 억지와 떼를 쓰는 일곱 살짜리 어린아이처럼, 인간이 꿈꿀 수 있는 가장 거대한 이상에 집착하는 고집을 부리기 시작한 것이다.

그것이 현실에서 성취 가능한 이상인지 아닌지는 그에게 중요하지 않았다. 그가 창조한 초인은 여자를 필요로 하지도 않았고, 전쟁과 혼돈을 사랑한 피의 화신이었으며, 무엇보다 그 어떤 고통으로부터도 결코 슬퍼하지 않는, 스스로를 위로할 수 있는 존재였다. 그렇게 그는 자신이 창조한 초인을 통해 스스로를 위한 도피처를 마련했던 것이다. 그에게 현실은 제정신으로는 도저히 견딜 수 없는 것이었기에, 그는 자신의 상상 속에서 초인이 되어 자신에게 고통과 좌절만을 안겨주었던 세상을 파괴하고 비웃고 하찮은 것으로 만들어버렸다. 하지만 니체의 초인은 아름다운 발명품이다. 그것은 인간이라는 나약한 존재가 도저히 견딜 수 없는 외로움과 좌절의 고통 속에서도 끝까지 삶과 운명에 대한 사랑의 끈을 놓지 않고, 그 모든 것을 긍정할 수 있기 위해, 그가 찾아낸 위대한 방편이었기 때문이다.

전사가 되고 싶었던 소년

—

니체는 1844년 10월 15일 프로이센의 작센 지방인 뢰켄에서 태어났다. 그의 아버지 카를 루트비히 니체는 뢰켄 마을 교회의 목사였고 그의 어머니 또한 유서 깊은 청교도 성직자 출신의 신자였다. 그리고 니체의 친할아버지와 외할아버지 모두 목사였으며 친척 중에도 성직자들이 즐비했다. 어쩌면 그의 삶은 기독교 안에서 시작되었다고 말할 수 있을 정도로 그의 어린 시절은 기도와 청교도적 규율 그리고 십자가로 가득 채워져 있었다.

어린 니체는 또래의 남자아이들과 많이 달랐다. 그는 학교를 마치면 동네를 돌아다니며 병정놀이나 싸움을 하거나 또는 여자아이들을 괴롭히며 시간을 보내는 보통 남자아이들과는 달리, 혼자 방에서 성경을 읽거나 대부분 여동생 엘리자베트와 시간을 보냈던, 무척 조용하고 내성적이며 여성적인 소년이었다. 이런 여성성과 내성적인 성격은 니체를 이해하는 데 매우 중요한 부분이다. 이후 그의 삶에서 그가 겪게 되는 대부분의 좌절과 고통 들이 바로 그의 이런 소극적인 성격에 기인한 것이기 때문이다. 또한, 자신의 영혼을 숨 막히게 했던 집안의 기독교적 무거움과 엄격함 역시 니체의 또 다른 복수의 대상이 된다. 그것은 그저 그가 아버지에 대한 의무감, 어머니에 대한 순종, 그리고 자신의 내성적 성격으로 인해 반발하지 못하고 어쩔 수 없이 견뎌내야 했던 생활이었다. 니체의 초인은 그가 이런 자신의 나약함과 무력감, 그리고 마치 거대한 바위처럼 그를 억눌렀던 기독교의 종교적 무거움과 제약들을 극복하고자 했던 노력의 최종 결과물이었다.

언제부터인가 그는 자신에게는 없던 전사의 강인함을 갈망했다. 비록 아직 그것을 표현할 방법을 찾지는 못했지만, 파괴와 혼돈 그리고 극복에 대한 그의 갈증은 서서히 안으로부터 자라나고 있었다. 어린 니체는 학업에서 남다른 재능을 인정받던 수재였다. 14세에 김나지움 슐포르타에 입학하여 자신이 그렇게도 꿈꾸어오던 수많은 영웅적 삶을 그리스 고전에서 발견하게 된다. 또한 셰익스피어와 괴테를 비롯한 고전 문학들을 한껏 접하며 자신이 그렇게도 갈구하던 돌파구를 어쩌면 펜에서 찾을 수 있을지도 모른다는 희망을 발견하게 된다. 그리고 1864년 그는 본 대학에 입학한다. 전공은 신학과 고전문헌학으로, 우리는 이때까지만 해도 그가 아직 목사의 길을 포기하지 않았음을 알 수 있다.

본 대학에서 그는 일종의 학생 동맹인 프랑코니아에 가입하게 되는데 그로 인해 생애 처음으로 그의 어머니가 몹시 언짢아할 경험들을 접하게 된다. 그는 매일 친구들과 어울리며 술과 담배를 즐겼으며, 한번은 쾰른의 매춘굴을 찾아갔다가 그곳에서 매독으로 의심되는 병을 옮아온다. 물론 그는 자신이 그곳에 가게 된 것은 순전히 가이드가 자신의 말을 잘못 알아들었기 때문이며, 그곳에 놓여 있던 피아노로 몇 곡을 연주한 것 말고는 아무것도 하지 않고 나왔다고 변명을 했지만, 그가 옮아온 매독은 이후 그의 척추를 타고 전이되어 정신병 발발의 원인이 된다. 그는 이런 자신의 실망스러운 대학 생활 모두를(물론 쾰른에서의 피아노 연주 경험은 제외하고), 어머니에게 편지로 고백하며 용서를 구하면서 다시는 술과 담배를 하지 않겠다고 맹세한다. 실제로 그는 이후 평생 동안 금욕적인 생활을 이어간다.

쇼펜하우어의 어둠 속으로 빠지다

—

니체는 자신의 은사 F. 리츨 교수를 따라 본 대학에서 라이프치히 대학으로 편입한다. 그리고 자신의 전공에서 신학을 누락시킨다. 그는 더 이상 목사가 되길 원치 않았던 것이다. 고전문헌학에만 전념한 니체는 빠르게 자신의 학문적 재능을 학교로부터 인정받게 된다. 그 결과 그는 당시의 관례를 깨고 논문과 시험 없이 박사 학위를 받게 되며, 또한 리츨 교수의 추천으로 학교를 졸업하기도 전에 스위스 바젤 대학의 고전문헌학 교수 자리를 제안받는다. 그의 나이 불과 스물네 살 때 일이다. 자신의 재능을 인정해주고 기꺼이 그의 앞날에 도움을 준 리츨 교수와의 관계, 그리고 불과 스물네 살의 나이에 대학교수가 되었던 바로 이때가, 너무나도 어두웠던 니체의 인생에서 우리가 드물게 발견할 수 있는 몇 안 되는 행복한 순간이다.

하지만, 니체는 이미 어둠의 세계로 깊이 빠져들고 있었다. 바로 쇼펜하우어의 철학을 만나게 된 것이다. 본 대학 시절 우연히 들른 서점에서, 평소 같았으면 책을 구입하는 데 오랜 시간을 고민했을 그가 어떤 악마의 목소리에 이끌려 별로 매력적으로 보이지도 않았던 쇼펜하우어의 책《의지와 표상으로서의 세계》를 집어 들고는 집으로 향한다. 쇼펜하우어의 철학은 삶이라는 불가피한 고통을 극복하기 위해 의지와 천재에게 무한한 자유를 부여한다. 세상을 필연적인 고통과 모순의 수레바퀴 안에 갇힌 불쾌한 것으로 보았던 그는, 행복에 대한 기대를 접는 것만이 유일한 지혜이며, 그것이 우리가 삶에서 적은 고통으로 대변되는 작은 행복이나마 거둘 수 있는 유일한 방법이라고 이야기했다. 불행히도 삶에 대한 쇼펜하우어의 이런 어두운 해석은 니체를 완전히 사로잡아버렸다.

니체는 그 책 안에서 자신이 경험하고 있던 고통과 외로움 그리고 삶의 혼란에 대한 위안을 발견했다. 특히 그는 당시 사람들이 교육이라고 믿고 있던 것들이 사실은 검증되지도 않은 여러 믿음을 부주의하게 주입시키는 것에 지나지 않는다고 이야기한 쇼펜하우어의 말에서, 어린 시절부터 자신을 옥죄여오던 기독교적 가치와 도덕관념이 어쩌면 이제라도 검증대 위에 서야 할 피고이자, 파괴와 극복의 대상일지도 모른다는 실마리를 발견하게 된다. 또한 그는 철학에 대한 강렬한 열정을 갖게 된다. 왜냐하면, 쇼펜하우어에 따르면 우리가 받아온 도그마적 교육과 믿음에 대해 그 진실성과 가치를 검증하여 결과적으로 그것을 극복할 수 있도록 해주는 것은 오직 이성뿐이며, 이성은 철학이라는 도구를 활용해 그 과업을 수행하기 때문이다. 니체는 자신이 쇼펜하우어를 통해 철학이라는 자유를 선물받았다고 느꼈다.

니체는 또한 쇼펜하우어로부터 천재에 대한 아이디어를 가져온다. 쇼펜하우어에게 있어, 재능이 뛰어난 사람이란 아무도 맞힐 수 없는 과녁을 맞힐 수 있는 사람이지만, 천재란 아무도 볼 수 없는 과녁을 맞히는 사람이다. 교육이란 이름으로 우리에게 주입되는 검증되지 않은 믿음과 싸우기 위해서는 이성의 힘이 필요하지만, 천재의 경우 이성이 아닌 그저 자신의 표상과 의지에 대한 명상만으로도 사물과 세계에 대한 올바른 인식에 도달할 수 있는 사람이다. 쇼펜하우어는 자신이 바로 그런 천재라고 믿었다. 그리고 이런 과대망상은 니체에게도 그대로 전염되었다. 니체는 자신이 틀림없는 천재라고 믿게 되었다. 사회성 부족으로 인한 고독과 소외감, 내성적인 성격, 수재라는 평가를 받을 정도의 뛰어난 지성, 수학에서 받았던 낙제점 등 모두가 쇼펜하우어가 천재에게서 발견될 수 있는 천재성의 근거라고 주장했기 때문이다.

루 그리고 엘리자베트

—

니체가 세상에 대한 혐오를 확신하는 데 결정적인 동기를 제공한 이름이 있다. 그것은 바로 '루 안드레아스 살로메'이다. 상트페테르부르크의 독일 귀족 가문의 여섯 아이 중 외동딸이자 막내로 태어난 그녀는 릴케와 니체 그리고 바그너, 톨스토이, 프로이트와 같은 당대 유럽 최고의 지성들과 교류하고 또 그들 중 대부분을 매혹시켰을 정도로 남달랐던 지성과 치명적인 매력을 지닌 시대의 팜므파탈이었다. "루와 사귀는 남자는 아홉 달 안에 명저를 쓰게 된다"라는 말이 나돌았을 정도로 그녀는 자신이 만났던 남자들에게 뮤즈로서 잊지 못할 영감을 주었다. 하지만, 그녀가 그들로부터 멀어지려고 할 때면 종종 누군가는 다리 밑으로 몸을 던지거나 자신의 머리에 총을 쏘는 일이 발생했다. 그녀와 한동안 사귀었다가 버림받은 시인 릴케 역시, 평생 그녀에 대한 그리움 때문에 정신이상에 시달렸으며, 죽기 직전 그가 의사에게 남긴 마지막 말도 "루에게 내가 무엇을 잘못했는지 물어봐주시오. 그 대답을 해줄 수 있는 사람은 오직 그녀뿐이오"였다. 루는 매우 위험한 여자였다.

어느 날 그녀는 니체의 삶 한가운데로 들어와버렸다. 순진한 니체는 그녀에게 두 번 청혼했고 두 번 다 즉석에서 거절당했다. 게다가 그녀는 니체의 두 번째 청혼을 거절한 후, 그의 친구였던 파울 레와 함께 떠나 동거를 시작했다. 하지만 그것은 일체의 육체관계가 허용되지 않던 순전히 플라토닉한 사랑이었다. 그녀는 얼마 후 그마저도 떠나버렸고, 파울 레는 낭떠러지에 몸을 던졌다. 그녀는 단 한 번 결혼을 승낙한 적이 있는데, 그것은 한 남자가 그녀 앞에서 자신의 가슴을 대검으로 찌른 후 얻어낸 눈물겨운 승낙이었다. 하지만 그 역시 결혼식을 올리고 난 이후에도 루에게 손을 댈 수 없었다. 그 대신 그녀는 젊은 하녀를 고용하여 자기 대신 남편에게 아내 역할을 하도록 했다. 이후 그녀는 지그문트 프로이트와 어울리기 시작하며 알게 된 남자들 가운데 프로이트의 젊은 제자 타우스크 박사와 한동안 가까이 지낸다. 하지만 곧 루는 그를 떠나버렸고, 타우스크는 실연의 고통을 못 이기고 자살했다.

이런 위험한 루와, 비록 최고의 지성을 갖추고 있었지만, 마치 일곱 살짜리 어린 소녀와도 같은 여린 심성을 지녔던 니체의 만남은, 그의 삶을 송두리째 뒤집어놓았다. 게다가 니체의 여동생과 어머니가 그녀를 마녀라고 부르며 죽일 듯이 공격하며 괴롭혔기 때문에 루는 니체를 완전히 떠나버렸고, 이 사건으로 그는 자신의 여동생과 어머니를 저주하며 그들을 다시는 보지 않겠다고 절연을 선언했다. 하지만 얼마 지나지 않아 니체의 정신병이 발병했고, 그는 자신을 받아줄 유일한 사람들, 동생과 어머니에게로 돌아갔다.

여동생 엘리자베트는 니체의 유일한 친구였다. 그녀가 채 스무 살이 되기도 전에 이미 100통이 넘는 편지를 보냈을 정도로, 또 결혼하지 말고 평생 자신 곁을 지켜달라고 부탁했을 정도로 니체는 그녀를 사랑했다. 그리고 그녀 역시 이미 제정신이 떠나버린 니체를 오랫동안 간호했으며 그를 극진히 위했다. 니체의 임종을 지킨 것도 그녀였다. 하지만 엘리자베트는 니체가 죽은 후, 그를 히틀러에게 팔아버렸다. 그때는 이미 유럽 전역에서 니체가 널리 읽히고 있을 때였다.

니체는 여러모로 히틀러에게 유용한 자원이었다. 니체가 남긴 철학 중에는 귀족주의와 종교에 대한 비판 그리고 초인과 같은 쓸모 있고 강력한 아이디어들이 매우 많았다. 또한 니체의 저술이 가지는 특유의 모호함 역시 편리를 제공했다. 《차라투스트라는 이렇게 말했다》에서 볼 수 있듯이 그의 글은 대부분 잠언 형식의 아포리즘 형태를 띠고 있는데, 이것은 동일한 문구를 두고도 해석자의 입맛에 맞게 다양하고 왜곡된 해석이 가능하도록 해주었다. 게다가 지독한 국수주의자이자 반유대주의자였던 엘리자베트는 니체의 저작들이 히틀러와 나치를 위한 성경이 될 수 있도록 미리 니체의 원고들을 개작하는 친절함까지 제공해주었다. 엘리자베트와 히틀러는 니체라는 이름의 발음이 나치와 비슷하다는 유치한 이유까지 들먹이며 니체의 사상과 나치의 결합은 어떤 운명적인 고리로 연결된 필연이라고까지 주장했다. 몹시 만족했던 히틀러는 그녀에게 '독일의 어머니'라는 칭호를 부여했다. 그리고 그녀가 죽은 후에는 니체의 가족묘 한가운데 그녀를 안치하기 위해, 니체의 시신은 끄집어내어 옆으로 옮겨졌다.

니체의 사상 중 '힘에의 의지'는 한 인간이 자신에게 허용된 최고의 행복을 쟁취하기 위해서는 적극적으로 그것을 가능하게 할 힘, 즉 영향력을 추구하고 원해야 한다는 의미가 담겨 있다. 하지만 그것이 엘리자베트와 히틀러에 의해 '권력에의 의지'로 탈바꿈되며 힘의 주체가 개인에서 나치로, 그리고 그 힘은 다시 과대망상에 사로잡혔던 가짜 초인 히틀러로 옮겨가게 되었다.

많은 사람들이 오해하고 있는 것과는 달리, 니체는 민족주의자가 아니었다. 그는 게르만족이나 아리아인이 우월하다는 이야기를 한 적이 없다. 그것은 히틀러에 의해 각색되고 편집되어 새롭게 탄생한 가짜 주장이었다. 하지만, 니체가 나치의 성경이 되어버린 데에는 니체의 책임이 전혀 없다고는 볼 수 없다. 그것에 손가락을 정확히 가져대는 것은 쉽지 않은 일이지만, 분명 히틀러의 사상과 니체의 사상은 서로 동의하고 있는 부분이 생각보다 많다.

니체가 신을 죽여야만 했던 이유

—

니체가 신을 죽인 이유는 설명이 필요하다. 니체가 죽이고자 했던 것은 그리스도가 아닌 신앙이었다. 니체는 자신의 저서 여러 곳에서 신을 죽였지만 최초의 언급은 《즐거운 학문》에서이다. 그의 글에서, 대낮에 등불을 들고 다니며 신을 찾는다고 외치던 미치광이를 무신론자들이 비웃자, 미치광이는 오히려 그들을 비웃으며 신은 죽었다고 외친다. 니체에게 있어 신은 죽어야만 했던 존재다. 그래야만 인간이 살 수 있다고 생각했기 때문이다. 니체가 공격했던 대상은 그리스도가 아니었다. 그는 그리스도를 사랑했다. 그는 그리스도가 처음이자 마지막 그리고 유일한 기독교인이라고 믿었다. 그가 혐오했던 이들은, 그리스도의 숭고한 가치에 기대어 위선과 독이 섞인 혀의 기만으로 무지한 대중을 속여 자신들의 세속적인 사심을 채우는 목사들이었다. 대중들은 "부자가 천국으로 들어가는 것은 낙타가 바늘구멍을 통과하는 것보다 어렵다"는 교리를 입에 달고 사는 목사들이 어째서, 평생 더 큰 낙타가 되기 위해 노력하는지 질문하지 않았기에, 니체는 목사들에게 그랬던 것처럼 대중의 무지와 몽매에도 구역질을 냈다.

기독교 자체가 악한 것이라기보다는 그것이 인간의 나약함, 나태함과 손을 잡고 삶을 배신하도록 만든 것에 니체는 분노했다. 그가 보았을 때 사람들은 더 이상 주도적이고 열정적인 태도를 가지고 자신의 삶에서 행복을 일구어내기 위해 노력하지 않았다. 그 대신, 죽음 이후에 기다리고 있다는 환상에만 기대어 마치 죽음을 기다리는 사람들처럼 행동했다. 니체는 이처럼 기독교식 형이상학적 믿음에 의해 마치 보이지 않는 사슬에 매여 있는 노예와도 같았던 인간들을 해방시키고 싶어 했다. 이런 그의 노력이 절정에 이른 작품이 바로 《차라투스트라는 이렇게 말했다》이다.

니체의 대표 저서로 알려져 있는 《차라투스트라는 이렇게 말했다》는 그의 삶, 그 심연의 가장 밑바닥 어둠 속에서 저술되었다. 루는 떠났고, 당시 곁에는 어머니도 여동생도 없었으며, 심지어 그에겐 당시 그가 머물고 있던 방을 따뜻하게 해줄 돈마저 부족했다. 그는 세상으로부터 철저히 버림받았다는 우울과 고독의 구덩이 속으로 떨어져 홀로 미쳐가고 있었다. 그는 스위스 알프스 산맥 고지에 자리 잡은 질스 마리아의 작은 집에 틀어박혀 자신의 광기가 불러대는 시를 펜으로 종이 위에 뿌렸다. 그는 불과 10일 만에 《차라투스트라는 이렇게 말했다》의 1부를 완성해냈다. 2부와 3부 역시 각각 10일 안팎으로 완성되었으며 4부만 시간이 조금 더 걸렸을 뿐, 그는 악마에게 홀린 듯 무서운 속도로, 마치 미친 영혼이 춤을 추는 듯한 신비로운 문체로 자신의 최대 역작 '차라투스트라'를 창조해냈다.

초인 차라투스트라는 니체 자신이다. 니체처럼 그의 글은 모순덩어리이다. 차라투스트라가 내뱉는 말들은 분명한 논리적 허점에도 불구하고 언제나 자신감에 차 있으며, 종종 자신이 한 곳에서 한 말을 다른 곳에서 부정하기도 하고, 균형을 잃어버린 일반화와 극단적인 과장이 난무하는 문장들로 이루어져 있다. 이 때문에, 차라투스트라는 모든 비판에 고스란히 노출되어 있는 동시에 또 그래서 모든 비판으로부터 가장 안전하기도 하다. 미치광이가 떠드는 소리를 논리적으로 비판하는 것은 어딘지 부적절하게 느껴지기 때문이다. 하지만 차라투스트라를 통해 니체가 보여주는 거침없는 자신감은, 그의 글을 논리적으로 비판하는 이들을 위대한 시를 이해하지 못하는 무지렁이처럼 보이게 만든다.

"인간이란 동물과 초인 사이에 놓인 하나의 밧줄이고, 심연 위에 놓인 밧줄이다." 차라투스트라는 우리에게 초인이란 무엇이고 인간이란 무엇인지 이 한 문장으로 설명한다. 인간은 동물에서 신으로 나아가는 과정에 있는 과도기적 존재다. 따라서 인간은 극복되어야 할 그 무엇이다. 인간에게 주어진 성장의 가능성이 모두 충족되어 구현된 존재가 바로 초인이다. 초인을 대표하는 가장 중요한 자질은 바로 철저히 자신의 힘에 의지하는 것이다. 이것은 단순히 어떤 미치광이가 내뱉었던 말로 치부되기에는 오늘날을 살아가는 우리들에게 시사하는 바가 너무 크다.

"우리는 모두 타자의 욕망을 욕망한다"라는 라캉의 말처럼 우리는 언젠가부터 내가 원하는 것이 아닌 남들이 나로부터 기대하는 것을 추구하는 것에 익숙해졌다. "나는 원한다"라고 이야기할 수 있는 것은 강자의 몫이다. 그것은 오직 초인의 몫이다. 그 나머지는 사회와 종교가 그려놓은 작은 원 안에 들어가, 원의 가장자리 선에 닿지 않도록 최대한 움츠리고 포기하며 조심히 살아가고 있다. 자신의 운명을 진정으로 긍정하고 사랑하는 삶은, 자신이 원하는 것을 당당히 추구하는 삶이다. 그래야 비로소 삶은 온전한 내 것이 된다. 그것이 바로 우리가 니체의 삶 그리고 그의 초인으로부터 배울 수 있는 가장 소중한 지혜이다.

1889년 1월 니체는 이탈리아 토리노에 있는 하숙집을 나서다 거리에서 채찍을 맞고 있던 말을 발견한다. 그 광경에 흥분한 니체는 달려가 그 말의 목을 끌어안고서 채찍을 대신 맞으며 말에 대한 연민에 격하게 울부짖다 졸도한다. 이것이 니체가 마지막으로 발광한 사건이며, 그다음 해인 1900년 8월 25일, 56세의 나이로 세상을 떠날 때까지 그의 정신은 다시 돌아오지 않았다. 니체는 역사가 목격한 가장 외롭고 아름다운 미치광이였다.

쇼펜하우어,
편집증을 앓았던 고독한 천재

고독한 염세주의자

—

영화 〈이보다 더 좋을 순 없다〉에서 잭 니컬슨이 연기한 주인공 멜빈을 보고 있자면 쇼펜하우어가 떠오르지 않을 수 없다. 결벽증과 편집증을 앓고 있는 로맨스 작가인 멜빈은 신경질적이며 고독한 사람이다. 그는 늘 같은 식당의 같은 자리에서 식사를 하며 심지어 자신이 사용할 플라스틱 포크를 항상 가지고 다닌다. 그리고 그는 예외 없이 모두에게 불친절하다. 하지만 영화 후반에서 그려진 그의 모습에서 알 수 있듯이, 실제로 그는 가슴이 따뜻한 사람이며, 그저 자신을 사랑해주고 이해해줄 누군가가 절실히 필요했던, 아주 외로운 사람이었을 뿐이다. 멜빈이 작가라는 점까지 고려해볼 때, 자신의 포크를 들고 다니지 않았다는 점만 빼놓으면, 멜빈과 쇼펜하우어의 모습은 정말 쌍둥이처럼 닮았다.

삶에 대한 쇼펜하우어의 비관론이 니체에게 그토록 강력한 공감을 일으켰던 이유는, 쇼펜하우어 역시 앞 장에서 보았던 니체의 삶 못지않게 고독했기 때문이다. 그는 비관론자가 되지 않고서는 도저히 버틸 수 없었기 때문에 비관론자가 되었다. 하지만 그의 삶 끝자락에 가서는, 마치 멜빈이 식당의 웨이트리스인 캐럴의 사랑에 의해 '더 나은 남자'가 되기로 결심하고 세상과 화해했던 것처럼, 그 역시 비관론자로서는 도저히 감당하기 어려울 정도의 많은 사랑과 인정을 받게 되며 세상과 화해한다. 만약 그가 조금 더 살았다면 그의 역작이자 세상에 대한 어둡고 우울한 해석으로 가득한 《의지와 표상으로서의 세계》를 스스로 반성한 '사랑과 인정으로서의 세계'를 볼 수 있었을지도 모른다. 하지만 그는 세상과 화해한 지 불과 3년 만에 죽었기 때문에, 우리는 짧지만 행복했던 그의 마지막 시절보다는 70여 년을 가득 채운 비관론의 흔적들로만 그를 기억한다.

그의 대표작 《의지와 표상으로서 세계》는 여러모로 의미가 깊은 작품이다. 모든 철학 사상이 그렇지만, 이 책 역시 그의 시대 이전에 존재했던 천재들의 사상에 빚을 지고 있다. 그는 플라톤의 이데아론과 미학론을 빌려와 자신이 그려낸 세계의 형이상학적 천장을 채웠다. 책은 "세계는 나의 표상이다"라는 다소 지나칠 정도로 단호하고 어딘가 겸손이 조금 부족해 보이는 야심 찬 문장으로 시작한다. 이 문장은 칸트의 인식론을 한 문장으로 압축한 놀라운 효율성을 보여주는 문장인 동시에 자신의 사상이 칸트의 그것을 계승하고 있음을 알리는 고백이다. 쇼펜하우어가 표상으로 본 세계는 칸트가 '현상'이라는 이름으로 보았던 세상과 동일하다. 하지만 쇼펜하우어는 자신이 존경하던 칸트가 단념해버린 인식의 지평 그 절벽에서 멈추는 대신, 그곳에서 한 단계 더 나아가 인식 저 너머에 무엇이 있는지 알아보려고 했다. 그가 발견한 것은 바로 의지였다. 이것을 조금 쉽게 표현하자면, 무의식 또는 본능이라고 이해할 수 있다. 그리고 더 구체적으로 표현하자면, 그것은 성적 본능이다. 이 부분에서 프로이트가 생각나는 것은 당연하다. 쇼펜하우어가 칸트에게 빚을 지고 있듯, 프로이트는 쇼펜하우어에게 빚을 지고 있기 때문이다. 쇼펜하우어는, 프로이트 외에도 우리가 잘 알다시피 니체의 사상과 삶을 완전히 형태지어버렸고, 나아가 다윈과 톨스토이 그리고 아인슈타인의 사상에도 지대한 영향을 미쳤을 정도로 사상계의 거인이다.

《만들어진 신》과 《이기적 유전자》의 저자이자 오늘날 기독교가 가장 불편해하는 과학자 리처드 도킨스의 주장은 사실 간단하고 명확하다. 인간이란 오직 종의 번식을 위해 프로그램된 유전자의 명령대로 움직이는 자동인형이라는 것이다. 그리고 그 주장의 뿌리는 다윈으로 거슬러 올라가며, 다시 쇼펜하우어로 이어진다. 그것이 바로 《의지와 표상으로서의 세계》의 핵심 주장이기 때문이다. 그의 책 전반에 흐르는 염세주의는 마치 니체의 책을 읽는 것만큼이나 우울하고 비관적이다. 하지만, 쇼펜하우어에게는 니체가 토리노 광장에서 매를 맞고 있던 말을 끌어안고 울부짖던 그런 연약한 감성이 없었다. 니체의 비관론은 광기의 도움으로 쓰인 것인 데 반해, 쇼펜하우어는 놀랍게도 제정신으로 그것을 해냈다. 그의 비관론은 매우 이성적이며 또한 질서도 잘 잡혀 있기 때문에 더욱 끔찍하다. 그리고 바로 그 점이 쇼펜하우어의 특징이자 매력이다.

인정받지 못한 천재

—

쇼펜하우어는 1788년 성공한 상인인 네덜란드계 아버지와 이미 유명한 소설 작가인 어머니 사이에서 태어났다. 그는 아버지로부터 명석한 상인의 두뇌와 어머니로부터 작가의 자질을 물려받았다. 그를 끔찍이도 사랑해주었으며, 훗날 그가 최고의 상인이 되라는 의미에서 세계 어느 곳에서도 그 철자가 동일한 아르투어Arthur라는 이름을 지어준 쇼펜하우어의 아버지 하인리히는, 쇼펜하우어가 불과 일곱 살 때 자살로 그의 곁을 떠난다. 많은 재산을 남기고 남편이 죽자, 비교적 젊고 상당한 속물이던 쇼펜하우어의 어머니는 마치 파티와 술 그리고 남자에 평생 굶주린 사람처럼 자유로운 연애와 사교 활동에 탐닉했다. 쇼펜하우어는 그런 어머니의 점잖지 못한 생활을 늘 옆에서 비난했고, 그의 어머니는 그런 아들의 훈계에 지옥에서나 들을 수 있는 독설로 대답했다. 게다가 이미 어릴 때부터 지나치게 명석했던 아들에게 경쟁심을 느낀 그녀는, 한 집에서 두 명의 천재가 나오는 것은 있을 수 없는 일이라며 그를 의도적으로 멀리했다. 결국 그의 나이 스물여섯 살, 쇼펜하우어와 그의 어머니는 서로 두 번 다시 만나지 않는 것에 합의했고, 이 합의는 평생 잘 지켜졌다. 여성에 대한 니체의 혐오심이 루로부터 비롯된 것이라면, 쇼펜하우어는 자신의 어머니로부터 그것을 발견했다. 누구라도 그와 같은 어머니의 아들로 살아야 했다면, 쇼펜하우어처럼 최고의 비관론자까지는 아니더라도 적어도 훌륭한 철학자가 되었을 것이다.

비록 실제 쇼펜하우어는 자신이 생각했던 것만큼 천재가 아니었는지도 모른다. 하지만 그는 어릴 적부터 천재라는 소리를 들으며 자랐다. 그는 김나지움, 상인학교, 괴팅겐 대학과 베를린 대학, 그리고 그가 박사 학위를 받았던 예나 대학을 거치는 동안 늘 최고의 학생이었다. 그는 무엇이든 엄청난 속도로 배웠다. 한번은 그의 아버지가 살아 있을 때 그가 영어를 배울 수 있도록 영국 윔블던의 기숙학교로 유학을 보낸 적이 있는데, 불과 2년 만에, 그는 대화 중 종종 영국인으로 오해받았을 정도로 영어를 완벽하게 정복했다. 이런 이유들 때문에 그는 학창 시절을 보내며 자신이 천재라는 믿음에 완전히 사로잡혀버린다. 하지만 그에게는 자신의 천재성에 대한 공식적인 인정이 필요했다.

1820년, 오랜 노력 끝에 베를린 대학의 강단에 설 수 있게 된 쇼펜하우어는 '철학 개론'이라는 강의를 맡게 된다. 그는 이것이 자신의 천재성을 공식적으로 인정받을 수 있는 절호의 기회라 생각하고, 일부러 당시 모두에게 천재라고 인정받고 있던 동 대학의 철학 교수 헤겔과 같은 시간에 자신의 강의를 등록한다. 그는 그와의 대결에서 승리하여 온 세상에 쇼펜하우어라는 천재의 이름을 알리게 될 것에 몹시 흥분해 있었다. 학기가 시작되었고, 그는 수백 명의 학생들이 몰릴 것을 예상했기에 학교측에 부탁해 특별히 커다란 강의실을 배정받았지만, 그날 쇼펜하우어는 다섯 명의 학생을 대상으로 첫 강의를 해야만 했다. 같은 시간, 헤겔은 강의실을 가득 채운 300여 명의 학생들로부터 존경과 찬사를 받으며 수업을 하고 있었다. 자존심에 상처를 입은 쇼펜하우어는 곧 교수직을 사임한다.

　이 사건으로 그는 자신의 천재성을 세상으로부터 인정받지 못하고 있다는 고통스러운 편집증을 평생 키워가게 된다. 물론 그는 베를린 대학의 학생들이 아직 그의 철학을 이해할 만큼 충분히 지적이지 못해서라고 자조했지만(그리고 그것은 어느 정도 진실이었겠지만), 그의 재능이 인정받지 못한 곳은 대학의 강의실뿐만이 아니었다. 그가 헤겔과의 대결에서 처참한 굴욕을 경험해야 했던 그 사건이 있기 2년 전, 쇼펜하우어는 지난 5년 동안 자신의 모든 것을 쏟아부어 그의 인생 최고의 저서 《의지와 표상으로서의 세계》를 완성했다. 그는 자신의 책에 너무도 감동한 나머지, 그중 몇 문장은 자신이 성령의 계시를 받아 적은 것이라고까지 말했다. 그 책은 총 230부가 팔렸다. 게다가 쇼펜하우어는 몇 년 후 그의 출판사로부터 책이 팔리지 않아 재고 대부분을 폐지로 팔아버렸다는 소식까지 들어야만 했다. 하지만 무려 26년 후, 쇼펜하우어는 다시 도전한다. 내용을 손보고 또 거기에 한 권의 책을 덧붙여 《의지와 표상으로서의 세계》 개정판을 내기로 한 것이다. 초판이 나온 지 이미 26년이나 지났으므로 대중은 이제 그의 천재성을 알아볼 만큼 충분히 지적으로 성장했을 것이라고 기대했기 때문이다. 그 책은 300부가 조금 못 미치게 팔렸다. 이즈음 그가 발표한 그의 다른 저서들 《윤리학의 두 가지 근본 문제》와 《소품과 단편집》

은 아예 아무런 관심도 받지 못한다. 우리는 그가 비관론자가 될 수밖에 없었던 배경을 이해해주어야만 한다. 이런 상황에서 비관론자가 되지 않는 방법은 오직 니체처럼, 미치는 것뿐이다.

1883년, 베를린을 떠나 프랑크푸르트에 정착한 이후 그는 평생을 노총각으로 살았다. 그에게는 아버지가 물려준 돈과 자신이 주식으로 벌어들인 충분한 돈이 있었기 때문에, 니체처럼 난방비를 걱정하며 살지는 않아도 되었다. 하지만 그는 친구도 사귀지 않았고, 두 번 연애를 시도했지만 실패했고, 또 학자로서도 인정받지 못해 강의도 할 수 없었기 때문에 극도로 외로운 삶을 살았다.

그런 그에게도 애정의 대상이 있었다. 그는 개, 그중에서도 푸들을 특히 좋아했다. 그중 가장 유명한 것은 '아트마'와 '부츠'다. 자신과 함께 프랑크푸르트에서의 생활을 함께 시작했던 '아트마'가 1850년 죽자 그는 갈색 푸들 부츠를 들인다. 사람들은 '부츠'라는 이름 대신 '작은 쇼펜하우어'라고 놀리듯 그 개를 부르곤 했다. 부츠는 그의 유일한 친구이자 가족으로 쇼펜하우어의 남은 인생 10년을 함께했다.

쇼펜하우어가 사랑했던 대상이 그의 푸들들이었다면, 그가 존경했던 대상은 바로 칸트였다. 쇼펜하우어는 평생 규칙적인 생활을 했는데, 그것은 칸트의 영향이다. 그는 잠을 제외한 생활의 나머지 모든 부분에서 자신의 우상을 흉내 내고자 노력했다. 그는 오전에 세 시간 글을 썼으며, 한 시간 동안 악기를 연주했고, 이후 점심을 먹으러 시장에 있는 식당 엥리셔 호프로 마치 국제 학술회의에라도 참석하는 듯 완전한 정장을 차려입고 내려갔다. 그리고 저녁이 되면 자신의 유일한 친구인 푸들과 두 시간 가량 산책을 했다. 그 대신, 잠에 있어서는 그는 칸트를 따르지 않았다. 칸트는 평생 한 번도 어김없이 매일 새벽 4시 45분이 되면 하인 람페가 깨우는 소리와 함께 일어나 하루를 시작해 밤 10시가 되면 잠자리에 들었지만, 쇼펜하우어는 잠이 많았다. 그는 종종 낮에도 잠을 잤다. 아무 일도 하지 않아도 되었으며, 그를 깨우거나 귀찮게 할 가족도 없었던 노총각은 그렇게 많은 시간을 잠으로 보냈다. 자신을 천재라고 생각했던 사람답게, 그는 지적으로 더 뛰어난 사람일수록 뇌 활동이 많기 때문에 더 많은 시간 잠을 자야 한다고 주장하며, 긴 수면 시간을 가졌다고 전해지는 몽테뉴와 데카르트의 예를 들며 자신의 잠에 대해 변명하곤 했다.

아트마를 떠나보내고 부츠와 함께 생활한 지 1년 후인 1851년, 쇼펜하우어는 자신의 에세이들을 추려 완성한 《인생론》을 출간한다. 그는 전혀 기대를 하지 않고 있었지만, 책은 엄청난 성공을 거두게 된다. 그 인기에 힘입어 오랜 시간 무시당해온 그의 책 《의지와 표상으로서의 세계》가 철학계를 비롯해 과학계로부터도 큰 관심을 받게 된다. 사람들은 이제는 과학 때문에 더 이상 믿을 수 없게 된 종교의 말에서 설득력을 찾을 수 없었고, 생활에 아무런 도움도 되지 못하는 철학자들의 형이상학적 탁상공론에도 지칠 대로 지쳐 있었다. 그렇기 때문에 두 발을 모두 땅에 딛고 철학과 과학적 해석을 넘나들며 논리적으로 세상과 삶에 대해 이야기를 풀어가는 이 우울한 철학자에게 마침내 세상은 관심을 보이기 시작한 것이다. 게다가 이즈음 찰스 다윈의 《종의 기원》이 발표되면서 쇼펜하우어가 《의지와 표상으로서의 세계》에서 주장한 의지 이론에 과학적 설득력을 실어주었다. 쇼펜하우어는 드디어 그의 오랜 믿음처럼 천재로 인정받으며 전세계의 관심과 존경을 받게 된다. 그는 팬레터를 받는 매력적인 철학자가되었다. 생일에는 모든 대륙에서 축하 편지가 날아왔다. 그는 평생 외로웠고 세상에 대해 몹시 화가 나 있었지만 1860년 9월 21일 자신의 아파트에서 홀로 죽음을 맞이하기 전, 그 짧은 몇 년 동안만큼은 그 모든 세월의 고독과 서운함을 상쇄하고도 남을 정도로 많은 사랑과 인정을 세상으로부터 받고 떠났다.

의지와 표상으로서의 세계

—

세상이 늦게나마 그의 천재성을 인정해준 것은 동정 때문이 아니었다. 《의지와 표상으로서의 세계》에서 그가 보여준 지식의 방대함과 피상적 믿음을 꿰뚫는 예리한 통찰력은 분명, 그가 가졌던 모든 인격적 결함에도 불구하고, 그가 역사가 기릴 만한 또 한 명의 천재로 평가되는 데 부족함이 없는 이유가 되어주었다.

　프로이트의 이론과 비교해본다면, 쇼펜하우어에게 있어 의지란 에고가아닌 이드를 뜻한다. 즉 의지란, 이성의 영역이 아닌 본능의 영역에 속해있다는 뜻이다. 의지는 본능적 그리고 유전적 특성을 포함한 모든 충동이며, 더 구체적으로는 종의 번식을 위한 성적 충동을 의미한다. 우리가 하는 모든 생각, 모든 판단, 모든 행동은 모두 이 의지에 의해 조종되는 것이며, 우리는 그것을 자신의 자유의지라고 착각하는 것뿐이라고 쇼펜하우어는 설명한다. 예를 들면, 만약 날아가는 돌에게 의식이 있다면, 그 돌은 분명 자신의 의지에 의해 날아가고 있다고 생각할 것이다. 하지만 돌이 날아가는 것은 누군가 그 돌을 던졌기 때문이며, 그것을 던진 이가 바로 의지다. 다시 말해, 남자는 여자가 아름답기 때문에 원하는 것이 아니라, 원하기 때문에 그녀가 아름답게 보이는 것이다. 의지, 즉 본능이 먼저고 의식이 그 명분을 제공한다. 의식보다 의지가 힘이 훨씬 세다. 쇼펜하우어는 이것에 대해 "의지는 눈이 보이는 절름발이를 어깨에 태우고 다니는 힘센 맹인이다"라고 표현했다. 의지는 단순히 힘이 센 정도가 아니라 의식보다 더 똑똑하며, 사실 의식에 대한 거의 완전한 통제력을 가지고 있다. 영화 매트릭스에서 가상현실인 매트릭스 안에 살고 있는 사람들은 자신이 자유롭다고 생각한다. 의식이 가지고 있는 자유란 딱 그 착각의 크기 정도이다. 그리고 그들이 살아가고 있는 가상현실 속 세계가 바로 쇼펜하우어가 이야기하는 '표상'이다.

다시 말해 우리는 삶에게 속고 있는 것이다. 푸시킨은 삶이 그대를 속일지라도 노여워하거나 슬퍼하지 말라고 했지만, 우리의 철학자 쇼펜하우어는 푸시킨의 조언을 듣지 않고 삶이 우리를 어떻게 속이고 있는지를 낱낱이 고발하는 책을 썼다. 그가 보았을 때 의지는 삶을 통해 우리에게 가짜 세상인 표상을 보여주고, 우리가 그 안에 있는 동안, 사랑이나 삶의 의미처럼 실제로는 존재하지도 않는 낭만적 허상을 좇도록 만들어, 결국 그저 태어나서 아이를 낳고 죽는 것을 반복하도록 조종하고 있었다.

우리는 죽음을 두려워하지만 실제로 죽음과 영원한 전쟁을 벌이고 있는 것은 의지이다. 이 부분에서는 고대 그리스의 철학자들이 옳았다. 죽음을 이길 수 있는 것은 오직 사랑밖에 없다. 그것만이 재생산이라는 과업을 끊임없이 이루어내기 때문이다. 우리가 사랑이라고 믿는 것은, 그저 종 또는 본능이, 또는 의지가 재생산과 죽음으로 반복되는 자신의 맥박을 유지하기 위해 사용하는 속임수에 불과하다. 우리는 의지의 속임수에 속아 우리의 뒤를 이어 또다시 한 세대를 연장할 자식을 낳기 위해 섹스를 한다. 그것은 굴욕적인 패배이며, 이것이 문화에서 섹스가 흔히 수치심과 연관되어 이해되는 이유라고 쇼펜하우어는 설명한다. 남녀 간의 모든 것이 섹스를 위한 암호들이다. 그는 이렇게 이야기했다. "섹스는 진지한 것의 기초이고, 농담의 목표다. 재치의 끝없는 원천이고, 모든 모호한 말의 열쇠이며, 모든 신비한 암시의 의미다." 우리가 어떤 이성에게 매력을 느끼는 것은 다른 어떤 이유도 아닌, 그가 또는 그녀가 자식 생산에 적합하다고 판단되기 때문이다. 물론 우리는 그것에 사랑이라는 이름을 붙여 좀 더 숭고한 이유가 있는 것처럼 해석하고 또 믿으려 하지만, 결국에는 오직 재생산만이 유일한 목적이라고 그는 생각했다.

쇼펜하우어는 결혼은 절대 행복할 수 없다고 경고한다. 결혼의 목적은 재생산에 있는 것이지 개인의 행복에 있는 것이 아니기 때문이라는 것이 그 이유이다. 여기서 의지의 속임수를 수행하기 위해 악역을 담당하는 쪽은 당연히 여자다. 의지는 어리석은 남자들을 재생산의 함정으로 유혹하기 위해 여자의 매력을 이용한다. 여자는 자신의 일생 중 단 몇 년 동안만 아름다움과 매력을 누릴 수 있는데, 이것을 얼마나 잘 활용하느냐에 따라 그녀의 나머지 인생이 결정된다. 쇼펜하우어의 주장에 따르면, 우선 여자들은 여자의 매력이란 것이 얼마나 짧게 유지되는 환상인지 알지 못할 정도로 젊고 어리석은 남자를 찾는다. 그리고 남자의 성적 상상력을 한껏 자극하여 그와 섹스를 하고 결혼을 하여 남자가 남편과 아버지라는 이름하에 평생 자신과 아이의 부양을 위해 그의 생을 헌신하도록 만든다. 이로써, 의지라는 악마와 여자가 맺은 계약에서 양측 모두가 원하는 것을 얻게 된다.

이처럼 남자에게 있어 결혼이란 의지와 여자가 연합하여 던지는 기만의 올가미이자 함정인 것이다. 일단 자식이 태어나면 의지는 남자의 행복에 대해서 아무런 책임을 지지 않는다. 남자의 역할은 거기까지이며, 만약 그가 아내와 자식을 위해 남은 생을 헌신하겠다 한다면 그것은 의지와 여자의 기만행위가 예상치도 못했던 훌륭한 덤을 얻는 것뿐이라고 쇼펜하우어는 생각했다. 헌신에서 오는 만족감의 착각 외에 실제로 남자가 얻는 것은 없다. 쇼펜하우어는 수정 후 바로 죽어버리는 곤충의 예를 들어가며 남자가 종의 번식에 있어 차지하는 역할을 설명한다. 그는 "섹스가 끝나자마자 악마의 웃음소리가 들린다는 것을 아직 깨닫지 못했단 말인가?"라고 물으며, 작게는 섹스 뒤에 오는 일시적인 피로감과 힘의 소진부터 크게는 출산 후 빠르게 매력을 잃어가는 여자의 모습까지, 남자는 재생산의 역할을 다하자마자 자신이 무언가에 단단히 속았다는 것을 느낀다고 설명했다. 남자는 그제야 비로소 애초에 결혼이라는 것이 가진 두

가지 전제, 즉 자식 생산과 자신의 행복이라는 것이 서로 상충하는 욕망이었다는 사실을 깨닫는다. 하지만 후회하긴 이미 늦었다. 좋은 이미 자신의 욕심을 채웠으며 남자에게 남은 것은 환멸과 후회 그리고 희생만이 기다리는 삶의 내리막길뿐이다. 이것이 쇼펜하우어가 보았던 남녀 간의 사랑 그리고 결혼의 실체였다.

그는 삶이란 그 자체로 거대한 속임수이며, 그 속임수가 가능한 이유는 우리의 욕망 때문이라고 주장하며 왜 삶이 저주일 수밖에 없는지 추가로 설득을 시도한다. 의지의 또 다른 형태인 욕망은 아무 때나 대책 없이 일어나며 우리가 그것을 채워주기 전까지는 결핍의 상태로 남아 우리를 괴롭힌다. 욕망하는 무언가를 충족하지 못하는 것은 고통이다. 쇼펜하우어는 우리가 살아가는 동안 일어나는 욕망은 많지만, 그것들이 성공적으로 충족되는 경우는 극히 드물다고 이야기한다. 다시 말해, 삶은 채워지지 못한 욕망의 고통으로 가득 차 있는 지옥인 것이다. 게다가 인간은 모든 동물 가운데 지능이 제일 높고 신경 체계가 가장 발달해 있기 때문에, 느낄 수 있는 고통의 양도 가장 크다고 그는 생각했다. 쇼펜하우어에 따르면 세상은 지옥이며, 인간은 그 지옥에서도 가장 고통스러운 존재였다.

쇼펜하우어는 직접적으로 자살을 권유하지는 않았지만, 그의 주장을 절반만 이해했던 당시 유럽의 많은 젊은이들이 그의 책을 읽고 자살을 했다. 한편으로는 그가 그려낸 고통으로서의 삶이 설득력이 있었던 것이었고, 다른 한편으로는 자살이 의지에 대항해 의식이 거두어낼 수 있는 유일한 승리라는 그의 논리에 아직 분별력이 부족한 젊은이들의 혈기가 움직였던 것이다. 쇼펜하우어는 자살이 분명 의지에 대한 승리가 맞기는 하나 그것은 그저 한 개인의 작은 승리일 뿐, 한 명이 자살을 선택하며 의지에게 승리를 거두는 동안 세상에는 종의 번식을 위해 수천 명의 아이들이 태어나고 있기 때문에 그것은 아무 의미도 거둘 수 없다고 했다. 당시 자살을 선택한 젊은이들이 조금만 더 신중했더라면 정작 쇼펜하우어 본인은 왜 그토록 고통 가득한 세상에서 일혼 살이 넘도록 자살하지 않고 꿋꿋이 생명을 붙들고 있었는지 생각해보았을 것이다.

쇼펜하우어가 남긴 것들

—

니체의 경우처럼 쇼펜하우어 역시 세상을 상대로 평생 화가 많이 나 있던 사람이다. 그 때문에 그의 철학은 공격적이고 또 우리 모두가 잘 알고 있듯이 치밀하게 비관적이다. 하지만 우리는 그에게 언행일치를 기대해서는 안 된다. 삶을 지옥이라고 불렀으면서도, 정작 쇼펜하우어 자신은 매일 산책까지 해가며 건강에 신경을 쓴 결과 일혼두 살까지 장수하였으며, 결혼을 악마의 속임수라고 불렀지만, 그는 두 번 결혼을 시도했고 그중 한 번에서 낳은 사생아까지 있는 어엿한 아버지였다(물론 그는 평생 이 사실을 인정하지 않았다). 또한 세속적인 인정과 인기는 천박한 것이라고 폄하한 그였지만, 돈을 주고 개인 통신원까지 두며 자신의 이름이 언급된 모든 간행물을 찾아 모았다. 물론, 그 통신원의 일은 전혀 바쁘지 않았다. 마치 식사를 하며 늘 TV를 보는 부모가 아이들에게 "식사하면서 TV를 보는 것은 나쁘다"라고 하는 경우처럼, 우리는 그의 말과 삶 사이에서 모순과 혼란을 느낄지도 모른다. 하지만 이런 그의 모든 모순에도 불구하고, 그가 남겨준 이야기들은 분명 많은 진실을 담고 있다. 특히 욕망과 지혜에 대한 이야기는 우리가 귀담아 들어야 할 소중한 조언이다.

쇼펜하우어는 인간의 삶을 도저히 빠져나갈 수 없는, 입구와 출구가 모두 막힌 완벽한 고통의 미로로 그려내기는 했지만, 그것을 빠져나갈 구원으로 지혜를 조언했다. 플라톤의 동굴에서 지혜를 따라 탈출에 성공한 죄수의 경우처럼, 지혜는 우리를 자유롭게 해줄 것이라고 그는 말한다. 그는 우리가 지혜를 통해, 의지의 조종대로 움직이는 자동인형이 아닌, 행복을 위해 스스로 판단하고 선택하는 주도적인 존재로 거듭날 수 있다고 믿었기 때문이다. 또한 그는 지혜와 함께 예술의 중요성도 강조했다. 예술은 삶의 단편적이고 주관적인 면을 통해 보편적이면서도 영원하며 절대적인 진리를 드러내기 때문에, 결국 예술을 이해하려는 삶은 진리를 이해하고자 노력하는 삶과 마찬가지라고 그는 생각했다. 또한 그는 예술이 지혜로 통하는 하나의 길이자 삶을 위한 유용한 위안이라고 말했다.

프랑스 격언에 "더 좋은 것은 그냥 좋은 것의 적이다"라는 말이 있다. 욕망은 언제나 더 좋은 것, 더 많은 것, 더 큰 것을 원한다. 우리가 아무리 현재 만족을 느낀다고 하더라도 그 만족감은 단지 일시적인 것이며, 언제든지 새로운 욕망에 의해 고통으로 대체될 수 있는 것이라고 쇼펜하우어는 말했다. 이 때문에 그는 철학을 공부해서 지혜를 구하라고 조언한다. 왜냐하면, 오직 지혜만이 욕망을 다스릴 힘을 우리에게 가르쳐주기 때문

이라고 우울하고 위선적이며 또 동시에 아름다운 천재였던 쇼펜하우어
는 말했다.

헨리 소로,
월든 호숫가의 현자

진정한 풍요를 위한 도전

헨리 소로의 《월든》이 세상에 나온 지 벌써 150년이 지났지만, 그 가치는 여전히 유효하다. 사람들은 성공이라는 신기루를 잡기 위해 오늘도 삶을 아낌없이 태워가며 살아가고 있다. 사람들은 행복이라는 것이 그들이 가진 물건의 수에서 온다는 착각 때문에 더 많은 물건을 가지기 위해, 그리고 그렇게 모은 많은 물건을 보관할 수 있는 더 큰 집을 장만하기 위해 오늘도 삶과 전쟁을 치르고 있다. 사람들은 추위를 견디기 위한 옷이 아닌 남에게 보일 옷을 필요로 하고, 삶 역시 하나의 커다란 연극이 되어, 배우로서 그 과시의 연극을 지속하기 위해 공허한 경쟁에 집착하고 있다. 이 때문에 소비는 가장 큰 미덕이 되었으며, 인간관계란 내가 가진 것들을 비추며 자랑할 수 있는 거울로 그 역할이 전락해버렸다. 이것은 소로가 살았던 150년 전에도, 플라톤이 살았던 2,400년 전에도, 그리고 지금도 여전히 변함없는 우리들 삶의 모습이다.

소로의 이야기가 우리에게 의미를 가지는 것은 우선 그가 찾고자 했던 것이 행복이었다는 점이다. 만약 그가 커다란 맨션을 짓고 그 안에 살며 매일같이 반복되는 소비에서 진정한 행복을 발견할 수 있었다면 그는 월든이 아닌 월가로 갔을 것이다. 그리고 그는 최고의 부자가 되는 데 모든 노력을 다 쏟아부어 결국 그 목표를 이루었을 것이다. 왜냐하면 소로는 어떤 목표이든 그것을 이룰 수 있을 정도로 똑똑하고 의지가 강한 사람이었기 때문이다. 그가 선택한 가난은 경제적 나약함에서 비롯된 도피가 아닌, 정신의 강인함과 지혜로운 사고의 결과로서 선택된 실험이었다. 그의 호숫가 생활 이야기가 큰 의미를 가지는 또 다른 이유는 그것이 실천의 기록이라는 점이다. 그는 탁상공론만 하는 철학자가 아니었다. 그는 자신의 생각과 책 밖으로 뛰쳐나와 직접 삶을 통해 자신이 말하는 것과 믿고 있는 것을 증명하고 싶어 했다. 그리고 그는 자신의 인생에서 2년 2개월의 삶을 통해 행복에 대한 자신의 철학이 옳았음을 멋지게 증명해냈다.

세상에는 행복에 대한 많은 이야기가 존재한다. 하지만 더 많은 소비와 더 큰 집, 더 많은 물건을 모으는 것이 행복으로 가는 지름길이라고 외쳐대는 소리는 TV와 인터넷 그리고 잡지와 거리 위에 넘쳐나는 데 반해,

더 소박한 삶이 주는 풍요에 대한 이야기는 좀처럼 만나기 어렵다. 결국 선택은 우리가 하는 것이고 그 참고의 범위 역시 우리가 결정하는 것이지만, 참고할 수 있는 양질의 예가 풍부할수록 우리의 선택권은 넓어지고 또 그 선택도 더 지혜로워질 것이다. 그런 면에서 소로의 《월든》은 간소한 삶이 가져다줄 수 있는 자유와, 그것이 제공할 수 있는 놀라울 정도의 풍요로움에 대해 우리가 참고할 수 있는 가장 완벽한 예이다.

실천하는 철학자 소로

—

소로는 1817년 7월 12일 매사추세츠 주 콩코드에서 태어났다. 콩코드 마을은 차를 타고 보스턴에서 서쪽으로 약 한 시간 정도의 거리에 있는 한적하고 조용한 마을이다. 소로의 아버지는 몇 차례 사업에 실패한 후 가내수공업으로 연필을 만들던 사람이었다. 연필 사업으로 가족이 생계를 꾸릴 수는 있었지만, 어느 면으로 보나 결코 풍족하지는 못했다. 콩코드 아카데미를 졸업한 후 소로는 장학금을 받고 하버드 대학에 진학하여 그곳에서 철학과 신학 그리고 역사와 문학을 공부했다. 졸업생을 대표하여 졸업 연설을 낭독했을 만큼 뛰어난 성적으로 하버드를 졸업한 그가 가장 먼저 시도한 직업은 교사였다. 그는 그의 형과 함께 콩코드의 작은 공립학교에서 아이들을 가르치는 일을 시작하지만, 체벌 제도에 반대하여 일을 시작한 지 불과 2주일 만에 그만둔다. 이 사건은 소로라는 영혼이 가진 평화주의적 성향과 자신의 신념을 행동으로 표현하는 단호함을 잘 보여주는 일이었다.

　이때를 전후하여 몇 년 전 콩코드로 이사 온 미국 사상계의 거인 에머슨과 소로의 인연이 시작된다. 이미 소로는 대학 시절 에머슨의 수필집 《자연》을 읽고 그에게 깊은 존경심을 가지고 있었다. 소로는 에머슨이 편집하던 잡지 《다이얼》에 시와 수필을 기고하며 친분을 쌓아가다, 이후에는 에머슨의 집에서 숙식하며 그의 저택 관리인이자 친구로서 생활하며 각별한 사이로 발전한다.

　소로는 에머슨과의 교류를 통해 그의 초월주의 사상에 깊이 동화되었다. 에머슨의 초월주의 사상이란 자연과의 가까운 교감을 통해 삶의 보편적이며 영원한 진리를 발견하는 동시에, 무엇보다 자신의 직관에 의지하여 자립적인 태도로 삶에 임하는 모습을 뜻한다. 소로나 에머슨은 여러모로 비슷한 사상과 도덕관을 가지고 있었다. 하지만 사상을 대하는 그 둘의 태도에는 큰 차이가 있었다. 에머슨의 사상은 비록 위대하였으나 그것은 그가 쓴 책과 강단의 한계를 벗어나지 못하고 있었다.

　에머슨과 달리 소로는 실천하고 움직이는 지성이었다. 소로는 자신이 에머슨의 사상에서 얻게 된 믿음을 그저 관념적으로 머릿속에만 담고 있는 것이 아닌, 직접 삶으로 실천하여 증명하기를 원했다. 그래서 그는 월든 호숫가로 들어가기로 결정한다.

월든 호숫가 생활

—

월든은 콩코드 지방에 위치한 작은 호수의 이름이다. 호수 주변에 소로가 오두막을 짓고 생활했던 곳은 에머슨의 소유지였다. 1845년 3월, 스물여덟 살의 소로는 이웃에게 빌린 도끼 한 자루를 어깨에 메고 숲으로 들어간다.

그는 먼저 호숫가 바로 옆에 집을 지을 수 있을 만한 좋은 토지를 찾았다. 그리고 즉시 집을 짓는 일에 착수했다. 집을 짓는 데 필요한 장비나 재료는 빌리거나 다른 폐가에서 가져온 것들을 사용했다. 그는 직접 나무를 자르고 깎고 기둥과 서까래를 다듬으며 대부분의 작업을 혼자 했지만, 가끔은 이웃의 도움도 받아가며 4개월을 노력한 끝에 자신만의 아담한 오두막을 완성할 수 있었다. 어떤 이들은 그의 오두막을 나무로 만든 작은 모자라고 불렀을 정도로 그것은 작고 보잘것없었지만, 소로의 오두막은 벽돌과 석회로 만든 어엿한 난로와 굴뚝도 있었고, 창문도 두 개나 있었으며, 침대와 책상 그리고 의자 세 개가 들어갈 수 있는 충분한 실내 공간까지 갖춘 훌륭한 거처였다. 게다가 실력 있는 목수였던 그가 꼼꼼히 지붕과 벽을 만든 덕분에 비가 와도 새지 않았으며, 온기가 잘 보존되어 집 안은 늘 포근했다.

그가 오두막을 완성하고 입주한 날은 미국의 독립기념일인 7월 4일인데, 비록 이 날짜에 입주하게 된 의미를 언급한 적은 없지만, 미국이 영국으로부터 독립한 것처럼 그도 사회로부터 독립하게 되었음을 표현하려는 의도가 깔려 있음이 분명했다.

그가 숲 속 생활을 시작한 이유는 두 가지를 실험하기 위함이었다. 하나는 도시처럼 자연과 분리된 환경이 아닌, 자연 속에서 그것의 일부가 되어 삶의 근원에서 더 가깝게 생활하고자 했던 것이고, 다른 하나는 누구의 도움도 없이 스스로의 힘으로 삶을 꾸려가보고자 했던 것이다. 그는 이 두 가지가 인간의 행복에 결정적인 역할을 한다고 믿었다.

오두막은 완성되었고, 이제 필요한 것은 먹을 것이었다. 그는 곧 방법을 찾아냈다. 오두막 앞마당에 작은 텃밭을 가꾸어 콩과 옥수수를 재배했다. 그곳에서 재배한 콩과 감자는 그의 허기를 달래기에 언제나 충분했다. 또한, 그 수가 많지는 않았지만 월든 호수에는 강꼬치를 비롯해 일급수에만 사는 괜찮은 물고기들이 있었다. 소로는 어릴 적부터 낚시를 해온 실력 좋은 낚시꾼이었기 때문에 필요할 땐 언제든지 호수에서 요깃거리를 건져 올렸다.

의식주 가운데 집과 먹을 것이 해결되었으므로 이제 그에게 필요한 것은 옷이었다. 그는 철저히 실용성을 따져, 해어진 옷은 기워 입고 더 해어지면 다른 천을 덧대는 방식으로 옷에 대한 문제도 간단히 해결했다. 그에게는 몸을 따뜻하게 해줄 옷만이 필요했을 뿐이지, 남에게 보여줄 옷은 필요하지 않기 때문이다.

일반적인 도시에서의 평범한 삶과 비교해볼 때 이런 소로의 삶은 가난이라는 단어로 자칫 성급하게 표현될 수 있다. 그가 가진 것이 너무 적었기 때문이다. 하지만 소로의 가난은 의도적인 것이었으며, 그는 가난을 통해 더 큰 부와 풍요를 누리고자 했다. 중요한 것은 부와 풍요에 대한 우리와 소로의 개념의 차이다. 우리에게 부란 무엇인가? 풍요란 어떤 것을 말하는 것인가? 그것은 십중팔구 많은 돈과 또 그 돈으로 살 수 있는 다양하고 화려한 물건들과 연관이 있을 것이다. 소로는 그것이 위험한 착각이라고 지적했다. 그는 인간이란, 자신이 생활필수품이라고 생각하는 물건의 가짓수가 적으면 적을수록 더 행복할 수 있다고 말했다.

우리가 당연하게 여기는 커다란 집 그리고 그 집 안을 가득 채우고 있는 온갖 쓸모없는 물건들은 과거 한때 사치품이었으나, 시대를 거치며 사람들에게 생활필수품이 되어 이제 사람들이 그것 없이는 살 수 없는 2차 천성을 발달시키도록 했다.

홀로 숲 속에 들어가 사는 소로를 보고 사람들은 비웃거나 연민을 보였다. 그러나 그가 보기에는 오히려 다른 사람들의 삶이 더 우스꽝스러웠다. 그의 말을 빌리자면, "내가 가는 곳마다 가게든 사무실이든 또는 밭이든, 마을 사람들이 천 가지의 희한한 방법으로 고행을 치르고 있는 모습을 볼 수 있었다. 내가 들은 바에 의하면 인도의 브라만 계급의 승려들은 자기 몸 주위에 네 개의 불을 피워놓고 앉아서 그 뜨거움을 참으며 태양을 똑바로 쳐다보기도 하고, 머리를 아래로 하고서 불길 위에 거꾸로 매달려 있기도 하고, 또한 그들은 나무 밑동에 사슬로 묶인 채 꿈틀거리며 온몸으로 기어 다니기도 하며, 높은 돌기둥 위에서 외발로 서 있기도 한다고 한다. 그러나 의도적으로 치르는 이런 갖가지 고행도 내가 매일같이 목격하는 광경보다 더 놀랍거나 충격적인 것은 아니다."

그가 보았을 때, 너무나도 많은 사람들이 더 많은 물건을 소유하기 위해 정작 자신의 가장 소중한 자원인 삶을 허비하고 있었다. 그리고 그 과정에서 사람들은 건강을 잃고 만성적인 긴장과 스트레스에 시달리며, 무엇보다 더 이상 자유를 갖지 못하게 되었으며, 또한 자신의 내면을 들여다볼 작은 여유조차 잃어버렸다. 사람들은 외상으로 결제해버린 물건 값이나 이미 살고 있는 집 때문에 평생 빚쟁이가 되어 그 빚을 갚기 위해 허덕이며 살고 있었다.

또한 사람들의 삶은 미래에 있을 어떤 위험과 고난에 대한 두려움으로 가득했다. 사람들은 병이 드는 것을 걱정하여 그때를 대비해 돈을 벌려고 한다. 하지만, 그들은 돈을 벌기 위해 너무 노력한 나머지 병이 들어 돈이 들고 마는 것이다. 소로는 사람들의 삶을, 욕망과 물건이라고 하는 거대한 쇳덩어리를 머리에 이고 그것의 무게를 간신히 버텨가며 한 발자국씩 앞으로 걸어나가는 모습으로 보았다. 만약 머리에서 그 쇳덩어리를 내려놓는다면 그들은 가뿐해진 생활로 빚과 고통 없이 분명 더 행복해질 수 있었다. 하지만 사람들은 그 쇳덩어리를 생활필수품이라고 부르며 내려놓기를 거부하고 있었다.

도마뱀은 자기 꼬리를 자르고 도망을 친다. 덫에 걸린 사향쥐도 자유의 몸이 되기 위하여 자기 몸을 물어서 끊고 달아난다고 한다. 하지만 인간은 자유를 얻기 위해 그가 가진 어떤 것도 버리지 않으려 한다. 바로 그 물건들 때문에 자신이 궁지에 빠지는데도 말이다.

동남아시아 필리핀의 한 부족은 유리병 하나만 가지고도 쉽게 원숭이를 잡는다고 한다. 그들은 원숭이가 자주 다니는 길목에 입구가 가늘고 몸통이 큰 무거운 유리병을 가져다놓고는 그 안에 땅콩을 넣어둔다. 그러면 원숭이가 지나가다가 유리병 속에 있는 땅콩을 보고 가까이 다가와 입구에 손을 넣어 땅콩을 움켜쥔다. 바로 그때 원주민들이 소리를 지르며 원숭이에게 달려든다. 놀란 원숭이는 달아나려 하지만 놀랍게도 유리병 속 손에 움켜쥔 땅콩을 절대 포기하지 못해 유리병을 질질 끌며 나무를 기어오르려 하다가 결국 사냥꾼들에게 잡힌다는 것이다. 더 놀라운 것은 사냥꾼에게 잡힌 후에도 원숭이는 여전히 유리병 속의 땅콩을 움켜쥐고 놓지 않는다고 한다. 소로가 사람들에게서 보았던 것이 바로 이 원숭이의 어리석은 욕심이었다.

재산은 어떻게 보면 일을 뜻한다. 우리가 무엇을 소유한다는 것은, 온전히 그것이 주는 혜택만을 누린다는 뜻은 아니다. 우리가 소유하는 것이 어떤 면으로는 우리를 소유하고 있기 때문이다. 따라서 가진 것이 많을수록 노예로서 우리는 많은 주인을 두고 있는 것이나 마찬가지다. 소로는 말한다. "나는 한때 책상 위에 귀한 석회석 세 조각을 놓아두고 있었는데, 매일 한 번씩 이것들의 먼지를 털어주어야 한다는 것을 알고는 기겁을 했다. 내 마음속에 있는 가구의 먼지도 다 털어내지 못하고 있는데, 나는 싫은 생각이 들어 이 돌들을 창밖으로 내동댕이쳐버렸다."

소로가 자신의 오두막에 가지고 있던 재산의 총목록은 다음과 같다. 침대 하나, 탁자 하나, 의자 셋, 직경 3인치의 거울 하나, 부젓가락 한 벌과 장작 받침쇠 하나, 솥 하나, 냄비 하나, 프라이팬 하나, 국자 하나, 대야 하나, 나이프와 포크 두 벌, 접시 세 개, 컵 하나, 스푼 하나, 기름 단지 하나, 당밀 단지 하나 그리고 옻칠한 램프 하나. 누구라도 소로처럼 이렇게 자신의 모든 재산의 목록을 짧은 문장 안에 기록해넣을 수 있다면 그는 가난한 것이 아닌, 소로의 입장에서 볼 때 풍족한 삶에 매우 가까이 다가가 있는 사람이다.

소로는 아침 일찍 일어나 잠깐 밭일을 보고는 그 나머지 시간을 모두 여가로 활용했다. 그 여가를 무엇으로 채웠느냐에 바로 그가 이야기하는 부와 풍요가 있다. 소로는 덜 노동하기를 원했다. 그는 그것을 '생산적인 게으름'이라고 불렀다. 더 많은 여유 시간을 갖고, 그 시간 동안 하고 싶은 것을 하는 이가 바로 자유인이자 행복한 삶을 사는 사람이다. 소로는 자신의 여가를 가장 가치 있는 것들로 채웠다. 그것은 바로 자연과 하나 되는 것이며, 고독을 통해 자신과 하나가 되는 것이며, 독서와 사색을 통해 자신 안의 우주를 마음껏 탐험하는 것이었다.

자연의 발견

소로는 단순히 자연 가까이 살았던 것만이 아니다. 그는 자연의 일부로 살았다. 월든 호수와 그 주변의 숲은 물론, 그곳에서 그와 함께 살던 모든 동물들, 게다가 하늘에서 떨어지는 비까지도 소로는 자신의 일부로 받아들이고 또 자신 역시 그들의 일부가 되고자 했다. 그 과정에서 그는 세상 모든 것에 대한 사랑의 마음을 발견하게 되었다. 그 한 예로, 원래는 아침에 일어나면 호미로 무장한 후 밭을 돌며 잡초를 뽑았는데, 점차 잡초에 대한 연민이 생겨나며 자신의 손으로 뽑아내는 잡초의 수가 줄어드는 것을 경험했다. 잡초 역시 콩처럼, 그리고 자신처럼 자연에서 자기 권리를 가진 것들이라고 느꼈기 때문이다.

자연스럽게 소로는 주변의 동물들에 대해서도 잘 알게 되었다. 그것은 어쩔 수 없는 일이었다. 그가 그들의 집 속에 들어와 살고 있었기 때문이다. 밤이 되면 두목의 선창에 따라 술깨나 마시는 뱃사람처럼 시끄럽게 노래하던 황소개구리, 태엽 감는 소리 비슷한 울음소리로 늘 뭐라고 그를 꾸짖던 다람쥐, 기회만 있으면 그를 놀리기 위해 유혹하던 여우와 되강오리, 그리고 평생 잊을 수 없을 정도로 천진난만한 눈을 가졌던 들꿩 새끼들, 한밤중에 그와 눈싸움을 벌였던 월든 숲의 터줏대감 올빼미, 그리고 그의 눈앞에서 잊지 못할 위대한 전투를 보여주었던 개미들 모두 그가 숲에서 생활하며 새로 알게 되고 사귀게 된 자연의 친구들이었다.

그들은 그를 친구로 받아주었다. 처음에는 그를 피해 숨던 생쥐도, 어느 날 그가 작은 치즈 조각을 떼어내어 엄지와 집게 손가락 사이에 쥐고 있을 때, 얼른 그의 몸을 타고 손바닥 위로 올라와 거기 앉은 채로 치즈를 갉아먹었고, 다람쥐가 가려던 길 앞에 그가 서 있기라도 하면 다람쥐는 멀리 돌아가는 대신 태연하게 그의 신발을 밟고 지나갔다. 그것은 다람쥐들이 소로를 마치 소나무처럼 그 숲의 일부로 여겨준다는 의미였다. 소로는 언젠가 채소밭에서 김을 매고 있을 때 어디선가 날아온 참새 한 마리가 잠시 그의 어깨에 내려앉았었을 때의 경험을 이야기한 적이 있다. 그것은 그에게 영광이었으며 그 어떤 훈장보다도 그에게 커다란 기쁨을 주었다고 소로는 회상했다.

그렇게 자연이 그를 받아주며 그 안에서 자연과 하나 됨에 행복감을 발견해가고 있을 당시, 그는 또 다른 자연, 또 다른 우주인 자신의 내면을 더 깊숙이 탐험할 수 있는 기회를 고독을 통해 발견했다. 소로는 고독의 가치를 알았다. 오직 고독 속에서만 우리는 삶의 본질에 대한 문제를 다룰 수 있다. 사회라는 틀 안에서 발생하는 온갖 뉴스와 가십은 우리로 하여금 삶의 핵심적인 주제들을 다루는 대신 의미 없는 관심사에 에너지를 집중하도록 만든다. 고독은 인간을 진정한 의미로 깨어 있도록 해준다.

깨어 있다는 것, 우리는 이 말을 오해하고 있다. 눈을 뜨고 몸을 움직인다는 것이 깨어 있는 것의 전부가 아니기 때문이다. "수백만 명의 사람들이 육체노동을 할 만큼 깨어 있다. 하지만 백만 명 중 한 사람만이 효과적인 지적 활동을 할 만큼 깨어 있으며, 1억 명 중 한 사람만이 시적인 또는 신적인 삶을 살 수 있을 만큼 깨어 있다. 깨어 있다는 것은 살아 있는 것을 의미한다. 나는 이때까지 완전히 깨어 있는 사람을 만난 적이 없다." 깨어 있지 못하면 보이는 것만 볼 수 있을 뿐이며, 몸과 정신의 습관대로 수동적인 삶을 살 수밖에 없다. 진정으로 깨어 있다는 것은 삶의 본질에 연결되어 있다는 것이며, 눈에 보이는 외부 껍데기가 아닌 자신 내면에 숨겨져 있는 광활한 또 다른 우주를 탐험할 용기가 있다는 뜻이다. 깨어 있기 위해서는 온전한 고독이 필요하지만, 불행히도 사회는 인간이 고독할 틈을 주지 않는다.

소로는 1847년 9월 6일, 2년 2개월의 숲 속 생활을 끝내고 월든을 떠났다. 그가 숲을 떠난 것은 자신이 살아야 할 몇 개의 인생이 더 남아 있다고 믿었기 때문이다. 그는 자유인이었다. 그가 숲을 찾은 것도 자유 때문이었으며, 그 때문에 그는 비록 그것이 숲일지라도 또는 자연일지라도 자신을 속박하기를 원치 않았다. 소로는 자신의 영혼을 부르는 또 다른 북소리를 따라갔다.

소박함, 자유 그리고 자연

소로는 모든 걸 버리고 숲으로 또는 동굴로 들어가 원시인처럼 살라고 조언하는 것이 아니다. 그 역시도 2년여의 숲 속 생활을 마치고 다시 세상으로 돌아왔다. 그는 자신의 실험으로 더 적은 물건을 소유하는 것이 더 큰 풍요와 행복을 제공할 수 있다는 것을 증명하고 싶었을 뿐이다. 또한, 인간에게 가장 소중한 것은 바로 자유이며, 그것의 가치를 대신할 수 있는 물건은 이 세상에 없다는 것을 증명하고 싶었다. 자유가 인간에게 그토록 중요한 이유는 우리는 자유를 통해 삶에서 정말 의미 있는 대상, 즉 자연과 자신의 내면을 탐구할 수 있는 시간을 확보할 수 있기 때문이다. 하지만 대부분 우리는 더 많은 물건들을, 그의 표현을 다시 빌리자면, 더 무거운 쇳덩어리들을 우리의 머리 위에 얹어놓기 위해 우리의 자유를 포기하고 있다. 소로는 우리가 그 쇳덩어리들에 그토록 집착하는 이유를 예리하게 지적한다. 그것은 우리의 허영과 무지 때문이다.

우리가 살고 있는 집의 크기는 그 안에서 생활해야 하는 가족의 수와 활동량을 고려한 크기이기도 하지만, 동시에 우리 자존심의 크기이기도 하다. 이것은 자동차에 있어서도 그리고 우리가 소유하고 있는 다른 물건들에 있어서도 마찬가지이다. 우리는 우리에게 실제로 필요한 것보다 너무나도 과하게 많은 것들을 이미 소유하고 있으며, 더 소유하기 위해 오늘도 우리의 자유를 반납해가며 일하고 있다.

소로는 말한다. 무지의 마법에서 깨어나라고. 행복은 더 많은 물건에서 오는 것도 아니며, 다른 사람들에게 뽐내고 싶은 허영을 채우는 것으로 얻어질 수 있는 것도 아니라고 말이다. 진정한 행복은 우리의 뿌리인 자연과 더 가까워지고, 그 속에서 자연의 보다 높은 차원의 법칙을 깨닫는 것이며, 고독과 사색을 통해 또 하나의 위대한 우주인 자신의 내면을 탐험하여 그 안에서 진정한 자아와 내적 풍요를 발견하는 것이라고 소로는 말한다. 그리고 그는 이웃에게 빌린 도끼 한 자루를 들고 들어간 월든 숲의 호숫가에서, 그 소중한 진실을 단지 입과 펜이 아닌, 자신의 삶으로 증명했다.

에피쿠로스,
소박한 식사와 진실된 친구들 그리고 아타락시아

차분한 행복, 아타락시아

—

에피쿠로스는 플라톤이 자신의 아카데메이아에서 마지막 연회를 마치고 영원한 잠으로 빠져든 후 8년 뒤에 태어났다. 에피쿠로스가 태어난 곳은 사모스 섬이다. 그곳은 아테네 동쪽에 위치한 에게 해의 여러 섬 중 하나로, 그 유명한 피타고라스의 고향이기도 했다. 그는 어린 시절을 에게 해의 여러 섬과 소아시아 연안을 떠돌며 보냈다. 그곳에서 여러 철학자들을 만나며 불과 14세 때부터 진지하게 철학을 접한 것으로 알려져 있다. 그의 나이 35세에 아테네에 정착하고 그곳에서 독특한 형태의 공동체를 만들게 된다. 그는 그곳을 '정원'이라고 불렀다.

플라톤의 《항연》이 벌어졌던 케팔로스의 집에서 멀지 않은 피레우스 근방의 한 마을에서 그는 정원이 딸린 작은 집 한 채를 구입한 후, 마음이 맞는 친구들과 함께 살며 훗날 우리가 에피쿠로스주의라고 부르게 될 삶을 시작한다. 그는 자신의 정원에서 공동체 회원들에게 행복한 삶에 대해 가르쳤다. 처음에 친구들과 형제들 몇몇으로 시작한 공동체는 점차 그와 뜻을 같이하는 사람들이 참여하게 되며 비교적 빠르게 확장된다. 그 과정에서 에피쿠로스는 지적인 소양을 가진 시인이나 철학자 외에도 노예와 창녀까지 받아들이며 당시 경쟁 관계에 있던 스토아학파의 거만한 철학자들로부터 비웃음을 샀다. 하지만 그의 정원에서 목격되는 사람들 간의 친절과 진정한 행복을 향한 진지한 관심, 그리고 에피쿠로스에 대한 공동체 회원들의 깊은 존경심은 스토아학파의 철학자들을 포함한 모두가 부러워했다.

모든 철학자가 자신이 설파하는 사상과 어울리는 삶을 살았던 것은 아니다. 스토아학파의 대표 철학자였던 세네카 역시 사람들에게 물질적 부의 허무함을 가르치고는 했다. 그러나 그는 훗날 네로 황제에게 자살을 명령받기 전까지 로마 제국에서 가장 사치스럽고 부유한 정치인 중 한 명이었다. 게다가 그가 그렇게 많은 돈을 벌게 된 것은 영국 식민지를 대상으로 한 고리대금업 덕분이었다. 또 다른 철학자 헤게시아스는 삶을 지옥으로 보았다. 그는 삶이란 고통으로 가득 찬 악몽이라고 주장하면서 우리에게 가장 좋은 것은 태어나지 않는 것이며, 두 번째로 좋은 것은 자살로 빨리 삶을 끝내는 것이라고 사람들을 설득했다. 하지만 정작 본인은 여든

살까지 살다 자연사했다. 어쩐지 그와 쇼펜하우어는 서로 잘 통할 것 같은 느낌이 든다. 에피쿠로스는 그런 가짜 철학자들과는 달랐다. 그의 철학은 그의 삶을 통해 별도의 번역 없이 읽혀진다.

에피쿠로스가 이야기하는 행복은 보통 쾌락이라는 단어와 한데 묶여 전해지기 때문에 종종 오해를 산다. 누구든 쾌락을 떠올리면 음주와 성적 방종 그리고 무절제한 탐욕을 추구하는 데카당트적 삶을 떠올리게 되기 때문이다. 하지만 에피쿠로스가 추구하던 쾌락은 그것과는 전혀 다른 것이며 오히려 그 정반대의 것이었다. 그는 육체적 고통에서 해방된 상태인 아포니아^{aponia}와 마음의 동요가 없는 평안의 상태인 아타락시아^{ataraxia}를 행복의 핵심 조건으로 보았다. 다시 말하면, 최소한의 육체적 필요가 충족되어 그로 인한 결핍이 사라진 상태, 또는 채울 수 없는 탐욕의 갈망에 의해 고통받지 않는 편안한 마음을 행복의 조건으로 여겼던 것이다. 그에게 있어 행복이란 고통의 부재였다. 인간은 그 자체로 행복하게 태어났기 때문에 만약 고통만 없다면, 우리는 충분히 행복할 수 있다고 에피쿠로스는 믿었던 것이다.

에피쿠로스의 이런 행복론은 비록 거창한 깨달음이나 만족감을 약속한 것은 아니었지만, 누구나 쉽게 이해하고 실천할 수 있는 단순하면서도 효과적인 철학이었기 때문에 대중의 사랑을 받았다. 그리고 그런 실용성 때문에 당시 최고의 학교로 이름을 떨치던 플라톤의 아카데메이아와 아리스토텔레스의 리케이온 그리고 제논의 스토아 학교들이 모두 사라진 후에도, 에피쿠로스의 정원은 오래도록 살아남았다.

소박한 식사와 친구들, 행복의 조건

—

에피쿠로스는 우선 우리의 행복에 도움이 되는 진짜 쾌락과, 많은 이들에 의해 그렇다고 여겨지지만 실제로는 고통과 갈증만을 유발하는 가짜 쾌락을 구분하려고 노력했다. 에피쿠로스는 욕망에는 세 가지 종류가 있다고 생각했다. 첫 번째는 자연적인 것, 즉 우리가 배가 고픈 것은 자연적인 현상이며 우리는 그것에 마땅한 관심을 가져야만 한다. 두 번째는 자연적이기는 하지만 필연적이지는 않은 것, 다시 말해 호화로운 음식에 대한 욕망이나 사치처럼 우리에게 일어나는 자연적인 욕망이지만 그것이 추구되어야 할 필연성은 존재하지 않는 것들이다. 에피쿠로스는 이런 것들을 절제해야 한다고 했다. 그리고 마지막으로는 자연적이지도 않으면서 그렇다고 필연적이지도 않은 것, 즉 동상을 세우는 것과 같은 정신의 허영이 그런 것들이다.

그는 우리가 추구해야 할 것은 바로 그 첫 번째 욕망이며, 나머지 두 욕망은 절제를 하거나 아예 원천적으로 그것들이 자라날 토양을 제공하지 않아야 한다고 주장했다. 하지만 에피쿠로스를 극단적인 금욕주의자로 보는 것은 오해이다. 그는 소박함에도 한계가 있다는 것을 분명히 알았다. 그는 최소한의 것에서 만족을 누릴 줄 아는 것은, 이후 더 많은 것을 누릴 기회가 왔을 때 그 기쁨을 더 크게 해줄 것이라고 말했다. 그래서 작은 것에서 만족을 누리는 것은 단지 하나의 지향점일 뿐이지 절대적으로 넘어서는 안 되는 기준을 강요하고 있는 것이 아니라는 점을 분명히 했다.

에피쿠로스는 우리의 욕망이 가지고 있는 무절제함을 경계하라고 조언했다. 육체는 언제나 배고픔이나 목마름 따위로부터 자신을 구해달라고 아우성치고 있는데, 그들에게 최소한의 것을 제공하고 나면 이내 잠잠해진다. 하지만, 곧 욕망은 이번에는 기름지고 맛있는 음식을 달라고 소리친다. 그 목소리에 답하여 더 많은 음식을 먹게 되면, 우리의 위는 이내 커져서 그 목소리는 더 커질 것이고, 그들의 배고픔과 목소리를 잠재우기 위해서는 더 많은 음식이 필요해지기 때문이다.

그는 자연 상태에서 우리에게 풍족함 또는 만족감을 주기 위해 필요한 것은 극히 적은 양이며, 우리는 그것을 쉽게 얻을 수 있다고 말했다. 하지만 헛된 생각이 요구하는 탐욕의 목소리를 들어주다 보면 그것은 무한히 뻗어나가게 된다고 경고했다. 그는 식도락가가 많은 음식으로 과식을 할 때보다 현자가 약간의 빵과 물을 먹을 때 더 큰 행복을 누린다고 생각했다. 식도락가는 육체의 목소리에만 귀를 기울인 것이지만, 현자는 지혜를 통해 무엇이 육체의 균형을 가져다주는지 알기 때문이다. 따라서 결코 만족을 모르는 육체의 고통을 줄여주기 위한 최선의 방법으로, 육체가 최소한의 만족만을 추구하고 유지할 수 있도록 조언한 것이다.

우리의 육체가 더 기름지고 맛있는 음식을 달라고 우리를 항상 보채듯, 우리의 정신 역시 마찬가지로 아우성치고 있다. 에피쿠로스는 부와 명예에 대해 특히 경계했다. 그것은 육체에게 쾌락을 주는 과식을 경계한 이유와 마찬가지 이유에서이다. 육체와 마찬가지로 우리의 정신은 만족을 모르기 때문이다. 충분한 것을 충분하다고 여기지 못하는 사람은 충분한 것을 가져도 괴롭다. 부와 명예를 좇는 사람은 언제나 더 많은 재산과 명예에 목마르기 때문에 정신의 평온인 아타락시아에 결코 도달할 수 없다. 마음의 동요가 사라지지 않는 이상 진정한 기쁨은 경험될 수 없는 것이기 때문이다.

이를 위해 에피쿠로스는 사회와 군중으로부터 최대한 멀리 떨어져 살도록 조언했다. 그것은 자유의 문제였다. 사회는 언제나 우리에게 끝없는 유혹을 시험한다. 또한 변덕스러운 사람들은 마땅한 이유가 없음에도 우리를 시기하고 음해하기도 한다. 에피쿠로스 자신은 자신의 가르침대로 사회로부터 떨어져 나와 철저히 은둔 생활을 했음에도 불구하고, 스토아학파의 편협하고 비열한 철학자들로부터 부당한 음해와 정신적 공격을 받아야만 했다. 그들은 에피쿠로스가 썼다고 주장한 50여 편의 음탕하고 난잡한 내용의 편지를 위조해서 대중들에게 공개했고, 에피쿠로스와 그의 형제들이 정원의 창녀들과 뒹군다고 소문을 퍼뜨렸으며, 정원에서는 매일같이 기부자들의 돈으로 사치스러운 연회를 베풀어 에피쿠로스가 지나치게 많이 먹는 탓에 하루에도 두 번씩이나 토를 해서 위를 비워야 한다고 거짓말을 하고 돌아다녔다. 물론 이 모든 모함은 사실이 아니다. 하지만, 그런 악의적인 행동들이 에피쿠로스나 정원의 사람들에게 불편함을 주어 그들의 아타락시아를 방해했다는 것은 분명한 사실이었다. 이 때문에, 에피쿠로스는 사회로부터 떨어져 살아야 하는 이유를 부나 명예에 대한 유혹으로부터 벗어나려는 목적 외에도 선하지 못한 인간들의 부당한 적대감을 피하려는 목적에서도 찾았다.

그는 또한, 사회 안에서 살아가기 위해서는 어느 정도의 부가 필요한데, 그것을 모으기 위해서는 싫든 좋든 우리가 좋아하지 않는 사람들을 위해 우리가 좋아하지도 않는 일을 해야만 하기 때문에 우리의 자유가 침해당해야 한다고 지적했다. 그는 그 대신 스스로의 독립성과 자유를 지키는 대가로 소박한 삶을 선택하라고 조언했다. 그러면 우리는 다른 이들의 불쾌한 요구나 명령에 따르지 않아도 되는 자유로운 영혼을 유지할 수 있게 되기 때문이다.

에피쿠로스가 행복에 있어 강조한 여러 덕목 중 가장 중요한 한 가지는 바로 우정이다. 에피쿠로스는 무엇을 먹느냐보다 누구와 함께 먹느냐가 행복에 더 큰 영향을 끼친다고 이야기했다. 에피쿠로스는 절대 혼자 식사를 하지 말라고 조언했다. 그는 소박한 빵과 물을 마음이 맞는 친구들과 함께 나누는 행복을 무엇보다 소중하게 생각했다. 그에게 친구란 풍요의 상징이었다. 지적 교류와 친절함을 나눌 수 있는 그의 친구들은 그에게 물질적 재산과는 비교가 되지 않는 정신적 풍요를 누릴 수 있도록 해주었다. 물질이 가져다주는 만족은 늘 그만큼의 갈증을 동반하는 데 반해, 우정은 그 자체로 순수하게 기쁨으로 누려지기 때문이다.

우리가 행복이라고 여기는 상태 또는 감정에 대해 깊이 이해하지 못하는 이들은 성급히 그것이 성공적인 재정적 승리에서 온다고 믿는다. 하지만 돈이란 한계효용체감의 법칙에 따라 최소한의 불편함을 해결해줄 때 가장 큰 가치를 가지며, 이후 어느 정도 수준에 도달하면 그 만족도가 현저히 줄어든다. 따라서, 최고급 빌라를 가졌더라도 그곳에서 함께 지낼 친구가 없다면 그 외로움은 사라지지 않을 것이고, 세네카가 일반 로마인 노동자의 100년 치 연봉을 주고 주문했다는 그 유명한 레몬나무 탁자를 가졌어도 함께 식사할 친구가 없다면, 그 탁자는 결코 행복에 도움이 되지 못할 것이다.

우정은 아타락시아를 지켜주는 소중한 재산이다. 우리의 불안은 남들에게서 인정받지 못한다는 걱정에서 비롯되는 경우가 많다. 우리의 이름이 남들이 관심을 가질 만한 마땅한 가치를 지니지 못해 아무도 우리를 봐주지 않는다면, 그것은 고통스러운 소외감을 불러오게 된다. 우리는 친구들이 늘 지켜봐주고, 걱정해주고, 별것도 아닌 농담에 관심을 가져주는 경험에서 우리가 세상에 존재하고 있음을 확인한다. 우리 모두는 그런 관심을 필요로 하지만, 그것을 획득하는 방법은 에피쿠로스의 그것과 다르다. 우리는 남들이 인정할 만한 무엇을 가짐으로써 그런 관심을 얻을 수 있다고 믿는다. 하지만 그런 것들은 언제든지 사라질 수 있으며, 그것들이 우리 손을 떠날 때 우리에게 주어진 관심 역시 함께 사라진다.

하지만 진정한 우정은 우리가 가진 것이 아닌 오직 서로에 대한 온전한 관심과 애정으로만 이루어져 있다. 우리는 그런 우정을 나눌 수 있는 친구 앞에서는 삶의 고민들, 대부분 사회에서 우리의 약점이라고 여겨지는 문제들에 대해 의논을 하며, 혹시 그들의 관심을 잃을지도 모른다는 공포를 경험하지 않아도 된다. 우정은 서로의 호감을 얻기 위해 그 자신 외에는 아무것도 증명할 필요가 없기 때문이다. 우리가 최고급 자동차를 소유함으로써 자신의 부를 입증하고 남들로부터 받는 가짜 관심보다, 서로 진심 어린 신뢰와 애정을 나누는 진짜 친구는 소박한 빵 한 쪽을 나누면서도 그보다 더 큰 관심과 인정을 서로에게 줄 수 있다. 에피쿠로스에게 있어 행복의 큰 부분은 우정처럼 그리고 아타락시아처럼 차분하고 소박한 정신적인 자산으로 이루어진 것이다.

신과 죽음에 대한 생각

고통의 부재가 아타락시아의 필수 조건이라는 것을 알고 있던 에피쿠로스는 사람들의 마음의 평온을 방해하는 가장 큰 두려움에 대해 알아보았다. 그것은 신에 대한 두려움과 바로 죽음에 대한 두려움이었다. 보이지도 않고 아직 오지도 않은 이 두 가지 두려움 때문에 사람들은 사는 내내 마치 그것의 인질이라도 된 듯, 불안으로 고통받는다는 모순을 그는 목격했다. 어머니가 무당이었기 때문에 에피쿠로스는 그런 미신적인 믿음의 실체를 자세히 들여다볼 기회가 있었다. 그는 신은 없다고 생각했다. 만약 존재하더라도 신이란 자연법칙 그 전체를 아우르는 비인격적 존재이거나 그 법칙의 궁극적 결과라고 보았다. 많이 양보해서 당시 아테네인들이 생각하듯 제우스와 같은 신들이 존재한다고 하더라도 그들은 가장 완전한 형태의 행복에 도달한 존재이기 때문에 인간을 통치하려는 필요성도 느끼지 못할 것이며, 인간사에 개입하지도 않을 것이라고 결론 내렸다. 따라서 우리가 신이 우리에게 가지고 있는 못마땅한 감정 때문에 두려워하는 것은 불필요한 걱정이었다. 또한 그는 죽음에 대해서도 같은 결론을 내렸다.

에피쿠로스는 원자론자였다. 그것은 데모크리토스로부터 물려받은 유산이었지만 그는 그것을 더욱 구체화시켰다. 그는 세상은 다양한 크기와 형태를 가진 원자로 구성되어 있다고 믿었는데, 그중 큰 것은 우리의 육체를 이루고 더 부드럽고 미세한 것들은 우리의 영혼을 이룬다고 생각했다. 육체라는 영역 안에 함께 공존하는 이 원자들은 감각이라는 것을 통해 경험된다. 따라서 생명이란 연속된 감각의 경험인 것이다. 우리가 죽으면 영혼은 흩어지며 몸을 떠나게 되기 때문에 더 이상의 감각은 존재하지 않는다. 따라서 우리가 살아 있을 때에는 아직 죽음이 오지 않았기에 두려워할 필요가 없으며, 죽은 후에는 그것을 느낄 감각이 존재하지 않기 때문에 죽음은 우리에게 아무런 의미도 없는 것이다. 또한 죽음이 닥쳐왔을 때의 고통을 미리 예상하는 것 역시 아직 오지 않은 미래에 대해 미리 걱정하는 것이므로 쓸데없는 짓이다. 이것은 때로는 죽음을 두려워하면서도 삶이 커다란 고통을 요구할 때에는, 죽음이 그 고통을 중지시켜줄 것이라고 기대하며 죽음을 열망하는 마음만큼이나 편협하고 어리석은 것이라고 그는 말했다.

에피쿠로스는 지혜와 철학의 중요성에 대해서도 이야기했다. 행복은 그것 없이는 절대 성취될 수 없기 때문이다. 우리가 의사에게 가는 이유는 그가 우리보다 특별히 더 똑똑하거나 위대해서가 아니라, 우리의 몸이 아픈 원인과 그 치료 방법을 알고 있기 때문이다. 그리고 의사들이 그런 지식을 가지게 된 것은 그들이 오랜 기간 인간의 몸에 대해 공부해왔기 때문이다. 우리의 삶에서 행복은 육체의 건강과도 같다. 철학자는 영혼의 의사이다. 그들은 삶을 괴롭게 하는 것들과 행복하게 하는 것들을 공부하는 이들이다. 그리고 우리 모두가 어느 정도는 스스로 의사의 역할을 할 수 있듯이, 우리 스스로 철학자가 되어 행복을 위해 유익한 것과 그렇지 않은 것들을 분별해내야 한다. 에피쿠로스는 지혜를 통해 그런 분별력을 갖는 것이 모든 행복의 출발점이라고 말했다.

우리는 자신의 행복에 도움이 되는 것이 정확히 무엇인지 모르기 때문에 그것을 암시하는 것들, 때로는 그것들이 밝은 형광 색으로 '거짓말'이라고 써 있을지라도, 그것보다 더 나은 대안이 없기 때문에 그 그럴싸함에 한 번 더 속아보는 것이다. 애초에 우선순위가 없는 사람에겐 무엇이 우선이 되든 이상할 것이 없기 때문이다. 우리의 삶은, 에피쿠로스의 표현을 빌리자면, 온갖 거짓말과 가짜 진실이 가득한 '쓸데없는 의견'으로 가득 차 있어, 그 소음은 우리의 귀뿐만 아니라 이성적 판단력까지 막아버린다. 이 때문에 우리는 철학자가 되어 스스로를 그 소음들로부터 보호할 수 있어야 한다. 그래서 철학이란 외부로부터의 목소리가 아닌 우리 내면으로부터 들리는 옳은 목소리에 귀를 기울이고 우리가 스스로의 선택에 의지할 수 있도록 해주는 힘이다.

에피쿠로스는 우리가 생각할 수 있는 가장 합리적인 시각으로 세상을 바라보았다. 비록 그는, 삶을 가리켜 "배는 항구에 있을 때 가장 안전하다. 하지만 그것이 배가 존재하는 이유는 아니다"라고 말했던 괴테에게 실망을 안겨줄 정도로 배를 안전한 항구에만 묶어두려고 했지만, 그것은 그가 도달한 가장 이성적인 선택이었다. 그는 바다에 대한 알 수 없는 두려움 때문에 항구에 머문 것이 아니었다. 그는 철학과 사색을 통해 배와 바다 그리고 그 모든 것을 포함하고 있는 우주까지도 면밀히 검토한 후 스스로 항구에 남기로 결정했다. 음식을 적당히 먹고 마음의 평온을 유지하며 좋은 사람들과 우정을 나누는 삶이야말로 그가 삶과 죽음 그리고 세상과 우주 모두를 철학한 후 도달한 해답이었다. 행복에 대한 에피쿠로스의 철학을 한마디로 정의한다면, 바로 '소박한 삶에 만족과 행복이 있다'이다. 소박함이라는 것은, 결코 만족될 수 없는 인간의 욕망의 실체를 이해했던 철학자들, 그래서 그것에 대한 가장 성공적인 대안을 모색했던 모든 철학자들이 공통적으로 제안하는 행복한 삶의 비결이다.

3부
—
두 개의
길,
책과
종교

운명을 바꾸는 비밀, 책

지식이 아닌 변화를 주기 위한 도구

언젠가 읽은 책에서 성경에 대한 설명 중 마음에 깊이 와 닿았던 문구가 있다. "성경은 정보information를 주기 위한 책이 아닌, 변화transformation를 주기 위한 책이다." 이 문장처럼 자명하고 간결하게 성경이라는 책의 정체성을 설명한 예는 나는 아직 만나지 못했다. 이 문구는 사실 모든 책에도 동일하게 적용될 수 있다. 책은 물론 지식을 담고 있는 물건이지만, 우리는 그 지식을 통해 변화한다. 그것이 우리가 책을 읽는 이유이다.

모든 이에게 변화가 필요한 것은 아니다. 만약 현재의 삶이 자신이 상상할 수 있는 최고의 만족감과 행복을 제공하고 있다면 그에게 변화는 오히려 피해야 할 대상이다. 하지만 모두가 알고 있다시피 우리는 모두 안타까울 정도로 결핍 덩어리들이며, 늘 부족한 자료에 기초해 미래에 대한 계획을 세우고, 그 무지는 종종 실패와 후회라는 결과로 돌아온다. 우리들 중에 변화라는 발전이 필요 없는 사람은 없다. 만약 있다면 그는 이미 인간이 아닌 신이다. 책은 인간의 약점을 보완하기 위해 존재하는 물건이다.

우리는 인간으로 태어나지 않는다. 다만 인간으로 길러질 뿐이다. 핏덩이로 태어나 한 명의 온전한 인간으로 자라나기 위해서는 우리는 부단히 배워야 한다. 배우지 않고서 우리는 아무것도 알 수가 없으며, 삶이란 배움 없이 결코 호락호락하게 적당히 지나갈 수 있는 쉬운 길이 아니다. 배움은 모든 지혜의 첫 출발지이며, 오직 배움을 통해서만 우리의 세상은 더 넓어지고 풍요로워진다. 만약 삶에 필요한 원칙들을 배우지 않으려 한다면, 고통과 후회 그리고 아픔이 그 교육을 대신할 것이다. 모든 삶은 각각의 배움의 장이며, 배움은 나와 타인을 사랑하는 것 다음으로 중요한 인간의 사업이다.

배움에 대해 이야기할 때 우리는 흔히 학교를 떠올린다. 이미 학교를 경험한 이들은 그 사실을 잘 알고 있겠지만, 삶에서 정작 중요한 것들은 학교에서 가르쳐주지 않는다. 오늘날 학교는 일종의 직업학교 같은 곳이 되어버렸다. 우리가 사회로 나가 어떤 자리를 차지하고 전체 경제의 훌륭한 부품으로 그 맡은 바 임무를 무리 없이 수행할 수 있도록, 딱 그 정도만큼만 훈련시키는 곳이 바로 학교이다. 사실 학교는 그 임무를 수행하는 것만으로도 상당히 벅차하고 있다. 그런 학교로부터 삶에 대한 지혜를 묻는 것은 무의미한 일이다. 학교는 책에 비해 삶에 대해 아는 것이 거의 없다. 도덕과 정의 같은 중요한 주제들에 대해서도 그저 형식적으로 주요 사건이나 인물에 대한 정보를 외우게만 할 뿐, 실제로 그것들이 우리의 삶에 어떤 의미를 가지는지에 대해서는 가르쳐주지 못한다. 사랑과 우정에 대해서는 아예 그런 시도조차 하지 않는다.

우리는 삶에 대해 주로 부모의 가정교육, 자신의 경험 그리고 책을 통해 배운다. 모든 부모가 자기 자식을 사랑한다는 믿음에는 이견이 없겠지만, 그들 모두가 훌륭한 선생이라는 점에는 쉽게 동의하기 어렵다. 아는 것과 그것을 효과적으로 가르치는 것 사이에는 우리가 생각하는 것보다 훨씬 큰 차이가 있으며, 이미 많은 지식을 가지고 있는 학자 중에도 자신이 아는 것을 능숙하게 가르칠 수 있는 이들은 드물다. 게다가 모든 부모들이 자식에게 가르쳐줄 만큼 충분히 잘 알고 있다고도 장담할 수 없다.

많이 읽으면 삶은 달라진다

—

경험을 통해 배우는 것은 사실 책을 통해 배우는 것보다 더 확실히 정신에 각인된다. 어린아이는 불이 뜨겁다는 사실을 부모의 이야기를 통해 그리고 책을 통해 알 수는 있지만, 불에 직접 손을 데어본 경험과는 견줄 수 없기 때문이다. 하지만, 경험에는 커다란 단점이 있다. 우리는 보통 기쁨보다는 고통을 통해 더 쉽게 삶의 원칙을 배운다. 다시 말하면, 하나의 지혜를 배우려면 한 번의 시행착오를 감내해야만 하는 것이다. 게다가 우리의 삶은 안타까울 정도로 짧다. 세상의 모든 지혜를 경험을 통해서만 접하려면, 아마 천 년의 삶도 짧을 것이다. 이 때문에 우리가 지혜를 전달받을 수 있는 가장 좋은 방법은 바로 책이다. 그보다 더 좋은 방법이 있다면, 그것은 오직 그런 지식과 지혜를 가지고 있는 사람을 통해 직접 전달받는 경우뿐이다. 하지만 그런 드문 인연을 기대하며 배움의 기회를 미루는 것은 어리석은 일이다.

따라서 우리가 삶의 중요한 원칙에 대해 배울 수 있는 방법, 우리가 더 행복하고 나은 사람으로 변화할 수 있는 가장 유용한 방법은 바로 책을 통해서이다. 예술의 격조가 그것을 감상하는 이의 수준과 태도만큼 올라가는 것처럼, 많이 아는 만큼 더 풍요롭게 세상을 바라보고 또 누릴 수 있다. 삶이란 아는 만큼 보이며, 많이 읽으면 삶은 확실히 달라진다.

책은 작가의 영혼이다. 플라톤의 《국가》를 읽는 것, 소로의 《월든》을 읽는 것은 플라톤과 소로라는 아름다운 영혼과 직접 만나는 것이다. 그 경험을 대체할 수 있는 것은 앞서도 이야기했지만 오직 살아 있는 그들과 직접 만나는 것뿐이다. 어쩌면 독자들에게 책에 대한 이 모든 찬사가 조금 지나친 것이 아닌가 하는 느낌이 들 수도 있지만, 우리가 책을 통해 경험할 수 있는 실제 혜택에 비하면, 이런 표현들은 오히려 한참 모자라다. 하지만 그럼에도 책의 소중함과 그것이 독자들에게 줄 수 있는 '실질적인 힘'에 대한 나의 믿음이 꼭 전달될 수 있기를 바란다. 필력이 미치지 못하니 나의 진심에 기대를 걸어볼 뿐이다.

교보문고 입구에 들어설 때면 만나게 되는 "사람은 책을 만들고, 책은 사람을 만든다"라는 문구를 나는 정말 좋아한다. 그 문구는 아주 소중한 사실 한 가지를 그렇게 매일 사람들에게 알려주고 있는 것이다. 책은 앞서 간 사람들이, 그들의 뒤를 따라 삶을 이어받을 사람들에게, 지혜롭고 행복한 사람으로 성장할 수 있도록 남겨준 가장 소중한 가르침을 모아놓은 보물이다. 우리는 서점 안에 잠자고 있는 수많은 책들 속에는 무언가 정말 특별한 일이 벌어지고 있음을 알아야 한다. 책 안에서 벌어지고 있는 그 특별한 일에 동참함으로써, 우리는 더 능숙하게 자신의 삶을 처리해나가는 지혜와 각자의 삶을 더 행복하게 만들어줄 수 있는 수천 가지 방법을 배울 수 있다. 그리고 진정한 의미에서의 풍요란 밖이 아닌, 우리의 내면에서 수확하는 것이라는 소중한 사실을 경험할 수 있다.

글이라는 마법

언젠가 헤르만 헤세는 글이 지닌 마법에 대해 이야기한 적이 있다. 그의 이야기를 따라가보면, 글이란 어느 민족에게나 본래 마력을 지닌 행위였다. 그것은 정신을 통해 자연을 정복하는 신비한 행위여서 글자는 어느 문명에서나 신이 내린 선물로 칭송받았다. 또한 아직 세상에 문맹이 만연하던 시대에는, 오직 사제 계층에게만 읽기와 쓰기라는 마법이 허용되었다. 당시에 그 마법을 익힐 수 있는 기회는 오직 극소수에게만 허락되었으며, 선택된 그 소수의 사람들은 평생을 통한 희생과 헌신을 대가로 치

러야만 했다. 글을 모르는 일반인들에게, 수천 년 전 또는 수백 년 전 이미 죽어버린 현자들의 정신이 책이라는 물건에 봉인된 후, 글을 읽을 줄알았던 사제들에 의해 다시 생명을 얻음으로써, 세상에 다시 소환되는 모습은 마법이라고 불러도 부족함이 없는 놀라운 광경이었다. 그래서 사람들은 사제들의 그런 능력을 마치 신을 두려워하듯 두려워하기 시작했고, 교회는 무려 천 년 동안 그들 위에 땅위의 신으로 군림할 수 있었다. 그맨 처음부터 지식의 정체성은 늘 힘에 비유되어왔으며, 이는 지금도 마찬가지이다.

오늘날에는 모두가 이 읽기와 쓰기의 마법을 부릴 줄 알게 되었다. 하지만 더 이상 그것을 마법이라고 부르는 사람은 없다. 글을 읽고 쓸 줄 안다는 사실은 물구나무서기를 할 줄 안다는 것보다도 자랑거리가 되지 못한다. 글과 책이 한때 가졌던 품격이나 마력은 오늘날 완전히 사라진 것처럼 보인다. 만약 우리가 과거 링컨이 그랬던 것처럼 책 한 권을 빌리기위해 몇 킬로미터씩 걸어가야 했다면, 책에 대한 존중이 아마 지금보다는더 남아 있었을 것이다. 책이 흔해지고 우리가 그 풍요에 익숙해진 것은분명 축복이라고 부를 수 있을 만큼이나 고마운 선물인데도, 공교롭게도흔해짐과 익숙해짐이라는 두 가지 풍요는 더 이상 우리가 책을 소중하게생각하지 않도록 만들었다. 그것은 분명 모순이며 안타까운 일이 아닐 수없다.

학교로부터 배울 수 있는 모든 것들 중 가장 가치 있는 것을 꼽으라면아마도 글일 것이다. 그것은 책 뒤로 숨겨진 수천수만의 세계로 통하는 모든 문을 열 수 있는 비밀의 열쇠이기 때문이다. 세상에서 가장 먼 거리는 아는 것과 행하는 것 사이의 거리라고 했던가. 훌륭한 도구를 손에 쥐고도 정작 그것을 사용하지 않고 있는 것이 바로 오늘날 우리가 처한 모순이다. 우리 가운데 많은 이들이 자신이 손에 쥔 이 글이라는 마법을 사용하는 경우는 기껏해야 인터넷 기사를 읽거나 식당의 메뉴를 읽는 정도에 그친다. 자신의 행복을 위해 많은 것을 가르쳐줄 수 있는 그 수많은 세계로 통할 수 있는 입장권을 손에 들고서도, 우리는 죽을 때까지 그 입구에서조차 벗어나지 못하고 있는 것이다.

운명을 바꾸는 가장 강력한 무기

책은 힘이다. 더 정확히 이야기하자면 그것은 우리가 꺼내어 쓸 수 있는 힘을 담고 있는 보물 상자이다. 책을 읽는 것은 고리타분한 학자들이나 미국에서 이야기하는 너드[nerd]들의 따분하기 그지없는 취미 정도로 여겨서는 곤란하다. 그것은 사실이 아니기 때문이다. 게다가, 오늘날 세상은 빌 게이츠와 마크 저커버그 등 그렇게 따분한 책 읽기에 전념했던 너드들에 의해 움직인다.

플라톤의 대화론 중《프로타고라스》를 읽다 보면 우리는 소크라테스의 이야기를 통해 무적의 전사 민족 스파르타에 대한 흥미로운 비밀을 하나 알게 된다.

"헬라스에서 지혜에 대한 사랑을 오래전부터 가장 열심히 연구한 곳은 크레테와 라케다이몬(스파르타)이며, 소피스트들도 세상에서 그곳에 가장 많아요. 그러나 그곳 사람들은 이를 부인하며 어리석은 체하지요. 프로타고라스 님이 앞서 말한 소피스트들처럼 지혜에서 자기들이 다른 헬라스인들보다 우월하다는 것을 드러내지 않기 위해서요. 그 대신 그들은 투쟁과 용기에서 자기들이 우월한 것처럼 보이게 하려고 해요. 진실로 무엇에서 자기들이 우월한지 사람들이 알게 되면 너도나도 지혜로워지려고 노력할 것이라고 생각하기 때문이지요. 실제로 그들은 그것을 은폐함으로써 다른 도시들의 스파르테(스파르타) 찬미자들을 완전히 속였지요. 이들은 스파르테인들을 모방한답시고 귀를 찌그러뜨리고 권투 장갑을 끼고 돌아다니는가 하면, 체력 단련에 몰두하고 짧은 외투를 입고 다니니까요. 이들은 이런 것들이 스파르테를 헬라스에서 가장 강력한 국가로 만든다고 착각하고 있어요."

당시 그리스의 모든 도시국가 가운데 최고로 강력한 국가를 이루고 있던 스파르타에 대해, 주변의 다른 국가들에서도 오늘날 우리가 알고 있듯 그저 그들이 잔인하고 싸움만 잘해서 그렇게 되었다고 생각하고 있었던 것이다. 하지만 스파르타의 진짜 힘은 바로 지혜에 있었다. 그들은 책을 통해 진짜 힘을 길렀던 것이다. 스파르타인들은 너무나도 지혜로웠기 때문에, 자신들의 힘의 비밀이 새어나가지 않도록 주변 나라들을 감쪽같이 속였다. 모두가 스파르타의 힘은 겨울에 망토 하나만 걸치고 돌아다니거나, 귀가 찌그러질 때까지 레슬링 기술을 훈련하고, 손에 권투 장갑 따위를 끼고 다니는 것이 진정한 힘의 비결이라고 믿었다. 하지만 그런 오해 역시 책을 많이 읽어 무척이나 지혜로웠던 스파르타인들의 영리한 책략 중 하나였을 뿐이다. 그때나 지금이나 진짜 힘은 창이 아닌 책에서부터 비롯된다.

정신의 근육
—

이 장의 맨 처음에서도 이야기했지만 책을 읽는다는 것은 단순히 지식 몇 가지를 더 얻는 것이 아니다. 독서라고 하는 행위는 우리의 행복에 결정적인 역할을 한다. 우리의 삶은 언제든지 또 어느 순간이든지 우리가 적절한 시기에 만난 단 한 권의 책으로도 바뀔 수 있다.

독서는 우리의 정신력을 훈련하는 가장 좋은 방법이다. 정신력 역시 일종의 근육이다. 실제 육체의 근육처럼 훈련으로 개발될 수 있고 반대로 사용하지 않으면 퇴화될 수도 있기 때문이다. 몸의 근육에도 여러 가지가 있듯, 정신력 또한 여러 가지의 형태를 가지고 있다. 그중, 우리의 삶에 중요한 의미를 가지고 있는 것 몇 가지를 꼽아본다면, 인내심 또는 의지, 집중력, 생각하는 힘 등을 떠올려볼 수 있다. 독서는 이 모든 능력을 효과적으로 훈련할 수 있는 가장 손쉽고 효과적인 방법이다.

언젠가부터 우리는 눈에 보이지 않는 것은 마치 존재하지 않는 것처럼 취급하기 시작했다. 이 때문에 오늘날 백화점에는 물건들이 유례없이 넘처나는 데 반해, 사랑이나 우정, 정의, 친절함, 인내심과 같은 것은 더 이상 찾아보기 어려운 것들이 되어버렸다. 우리가 한 가지 간과하고 있는 것은, 앞서 살펴본 스파르타의 경우에서와 마찬가지로 눈에 보이지 않는 것들이 바로 눈에 보이는 것들의 뿌리를 이루고 있다는 점이다. 한 사람의 삶은 그 사람이 자신의 내면에 가지고 있는 세계의 결과이다. 따라서 정신의 풍요가 우선이며 그것이 물질의 풍요로 이어지는 것이다. 평범한 대중들은 눈에 보이는 것만 믿고 추구한다. 그들이 모르는 한 가지 중요한 사실은 바로 그들이 보고 있는 그 '보이는 모든 것'은, 사실 눈에 보이지 않는 지혜를 볼 줄 아는 사람들이 만들어낸 것이라는 점이다.

정신력은 우리가 추구하는 모든 영역의 도전에서 성공의 결정적인 역할을 한다. 우선 집중력을 살펴본다면, 그것은 마치 돋보기와 같다. 한군데 집중되지 못하고 퍼져 있는 햇빛은 이렇다 할 힘을 내지 못한다. 하지만 돋보기로 햇빛을 모아 한곳에 집중시키면 종이는 당장 연기를 내며 타들어갈 것이다. 마찬가지로 그것이 무엇이든, 우리가 원하는 목표를 향한 도전의 성공과 실패는 얼마나 우리가 가진 생각의 힘을 하나의 주제에 집중하여 결과적으로 최선의 답을 얻어낼 수 있는가에 크게 좌우된다.

인내심의 경우도 마찬가지다. 이 세상 그 어느 것도, 만약 그것이 어느 정도 추구할 만한 가치가 있는 것이라면 쉽게 얻어지는 것은 없다. 만약 쉽게 얻어지는 것이라면 그것의 가치 또한 그리 대단한 것이 아닐 것이다. 모든 목표는 그 가치만큼의 인내심을 요한다. 철봉에 오래 매달려 있을 때처럼, 우리의 정신도 하나의 문제를 해결하기 위해 또는 그것을 풀기 위해 정신을 지속적으로 집중할 수 있는 인내심을 발휘해야만, 비로소 우리는 목표점까지 그 도전을 완주할 수 있는 것이다. 우리 주변에는 부족한 재능을 불평하며 자신의 실패를 한탄하는 이들이 많지만, 사실 그들에게 부족했던 것은 재능이 아닌 끈기였던 경우가 많다. 그리고 실제 우리가 재능이라고 부르는 그 신비한 능력은 어쩌면 목표에 도달할 때까지 포기하지 않고 끊임없이 노력하는 인내심을 부르는 다른 이름일지도 모른다.

정신력이 강한 사람은 고난에도 강하다. 그들은 도움이 필요할 때마다 외부가 아닌 자신의 내면으로부터 필요한 도움을 찾는 데 익숙한 사람들이기 때문에, 쉽게 환경을 탓하거나 좌절하지 않는다. 그들은 난관에 부딪힐 때마다 현재 자신에게 가장 중요한 문제의 해결을 위해 오랜 시간 필요한 만큼 집중하여 생각할 수 있다. 그들은 선택이 필요한 시점마다 주어진 재료로부터 가치 있는 것과 덜 가치 있는 것을 분별하여 결과적으로 더 나은 선택을 할 수 있으며, 위기 속에서도 사고의 날카로움과 위트를 잃지 않고 최단기간 그들 자신을 고난의 터널로부터 탈출시킨다.

이처럼 정신력이라는 것은 실제적인 힘을 발휘한다. 책을 읽는다는 것은 정신을 한곳에 집중하고 있다는 것이며, 눈으로 읽어낸 활자의 의미를 머릿속에서 논리적으로 그리고 상상력을 발휘하여 분석하고 판단하고 있다는 것을 의미한다. 또한 인내심을 발휘하여 그 모든 정신 활동을 한동안 유지하고 있다는 뜻이기도 하다. 따라서 책이 우리를 변화시키는 비밀은 단순히 그것이 제공하는 지식을 통해서만이 아닌, 그 지식을 습득하는 독서 과정에서 훈련되는 태도를 통해서이기도 하다. 책을 대하는 태도는 그대로 삶을 대하는 태도로 이어진다. 조금은 비정한 말이지만, 만약 책에 관심이 없다면 자신의 삶의 행복에 대해서도 마찬가지라고 할 수 있다. 왜냐하면, 모든 변화의 시작은 배움이며, 독서는 삶을 변화시키기를 원하는 사람이 자신의 삶에게 보여줄 수 있는 최소한의 성의이기 때문이다.

영혼은 늙지 않는다

—

행복은 풍요에서 온다. 우리는 두 가지 세계에서 풍요를 경험할 수 있다. 하나는 물질세계이며 다른 하나는 정신세계이다. 우리의 뿌리는 정신이다. 그리고 그것은 몸이라는 물질을 빌려 이 세계에 존재하고 있다. 다시 말하면 우리는 매 순간 정신과 물질, 이 두 세계에 동시에 존재하고 있는 것이다. 우리는 몸에 대해서는 지나치다 싶을 정도로 위하고 치장한다. 건강에 좋은 음식을 찾으며, 헬스클럽에서 열심히 근육을 만들기도 하고, 화장이나 예쁜 액세서리로 최대한 자신의 몸을 아름답게 꾸미려고 노력한다. 그와는 반대로 정신에 대해서는 그 대우가 아주 형편없다. 정신도 몸처럼 음식을 필요로 한다. 그 음식은 책이라는 그릇에 담겨 있다. 그러나 우리 중 많은 이들의 정신은 그것이 마지막 끼니를 기억하는 것이 아주 까마득한 옛날이 되어버렸을 정도로 심각한 영양 결핍 상태에 있다. 게다가 헬스클럽에서 근육을 만드는 데 투자하는 백분의 일의 관심과 노력조차도 정신의 근육을 만드는 데 투자하지 않는다. 그것은 마치 우리에게 수확을 올릴 수 있는 두 개의 훌륭한 밭이 있는데도 한 곳에서는 열심히 농사를 짓고 비료를 주어가며 수확을 기대하는 한편, 다른 밭은 마치 그것이 존재한다는 사실조차 잊고 지내는 모습과도 같다.

만약 독서를 통해 정신의 풍요를 경험하고자 하는 훌륭한 바람이 있는 사람이라면, 그는 이 시대에 태어난 사실을 감사하고 있을 것이다. 왜냐하면 인류의 역사를 통틀어 오늘날처럼 책이 풍요롭게 존재했던 적은 없기 때문이다. 지금처럼 책이 풍요로워진 것은 그만큼 책이 우리 삶에 필요한 것이기 때문이다. 그렇지 않았다면 책은 이미 오래전에 역사에서 사라져버렸을 것이다. 인간이 언어라는 것을 사용하기 시작한 이후부터, 그것이 동굴의 벽화든, 새끼줄을 꼬아 매듭을 지어 만들었던 잉카의 키프스든, 조개껍질이든, 죽간이든, 양피지든 아니면 파피루스든 간에 역사가 시작된 이래 인간은 계속 책을 써왔으며 그것을 다음 세대에게 물려주려 했다. 마치 그것이 한 세대가 다음 세대에게 물려줄 수 있는 가장 소중한 유산인 것처럼 말이다. 그렇게 세월이 흘러 오늘날까지 왔고, 마침내 인류는 컴퓨터의 도움을 받아 제작된 깔끔하고 세련된 인쇄와 저렴한 가격, 그리고 세계 어디에 있든 그것을 손쉽게 손에 넣을 수 있는 편리성까지 누릴 수 있게 되었다. 바야흐로 우리는 책 문화의 황금기를 경험하고 있는 것이다. 우리가 해야 할 일은 그것을 누리고 즐기는 것이다. 그것이 흔해졌다고 업신여기는 것은 지난 수천 년 동안 농사를 지어놓고 정작 수확은 하지 않겠다는 것과 마찬가지이다. 책은 흔해진 것이 아니라 풍요로워진 것이다. 우리는 우리에게 책을 남겨준 그 수많은 사람들에게 마땅히 감사해야 하고, 우리가 이 시대에 태어난 사실에 감사해야 한다. 그리고 가장 제대로 그 고마움을 표현하는 방법은 그것들을 최대한 활용해 우리의 삶을 풍요롭고 행복하게 하는 것이다. 그리고 다음 세대를 위해 그 행복의 기록을 다시 또 책으로 남기는 것이다.

앞서 살다간 이들이 남겨준 책이 우리에게 소중한 또 다른 이유는 바로 그 책들이 우리가 충분히 피해갈 수도 있는 시행착오를 줄여준다는 점에 있다. 어떤 시행착오는 때로는 치명적이다. 천재 물리학자 아이작 뉴턴은 사람들이 자신의 업적을 치켜세울 때면 이렇게 말했다. "나는 단지 앞서 살다간 거인들의 어깨에 올라섰던 것뿐이다." 그 대답은 겸손한 것이기도 했지만 정확한 것이기도 했다. 과학이란 쌓여가는 것이다. 과거의 업적에 새로운 것을 쌓아가며 발전과 진보가 이루어진다. 하지만 불행히도 수은이 몸에 얼마나 나쁜 것인지에 대한 경고를 남겨준 거인은 없었기에, 뉴턴은 수은을 비롯한 각종 독성 화학물질들을 일일이 직접 맛을 보며 그것을 기록했다. 그는 수은중독으로 사망했다. 하지만 그의 사망 이후, 우리 모두는 수은의 위험을 알기 때문에 주변에서 수은중독으로 인한 사망에 대한 이야기는 더 이상 접하기 어렵다. 책을 읽지 않는 것은, 마치 삶에서 우리가 충분히 피할 수도 있는 치명적인 실수를 예방하지 않는 것이나 마찬가지이다.

책을 읽는 것은 우리에게 소중한 깨달음을 준다. 그 깨달음은 위안이 되기도 하고 용기를 주기도 한다. 무엇보다 책을 읽으면 읽을수록 우리는 삶에서 행복을 일구어내는 데 필요한 모든 도구가 우리 내면에 이미 존재하고 있음을 거듭해서 깨닫게 된다.

그런 깨달음이 더해갈수록 행복을 경험하기 위해 외부 환경에 의지하려는 성향도 줄어든다. 그렇게 자신의 내면에 존재하는 힘을 발견한 사람은 세상에 대한 두려움이 줄어들며, 불안과 혼란에도 크게 영향을 받지 않는다. 자신의 삶에서 경험하는 모든 고통과 기쁨을 스스로 감당할 수 있는 그런 독립적인 인간이 되는 것이다. 그런 사람의 자아는 강하다. 고통스러운 환경, 변덕스러운 운명의 장난 또는 다른 이들의 부주의한 비난 따위는 결코 그의 내면 깊숙한 곳에 존재하는 평화에는 영향을 끼치지 못한다.

독서는 이렇듯 인간을 독립적이고 스스로 행복할 수 있는 사람으로 만들어준다. 책을 한 권 읽을 때마다 찾아오는 변화는 눈에 띄지 않을 정도로 작을 수도 있다. 하지만 변화는 분명히 진행 중이다. 그렇게 한 권 또 한 권 읽은 책이 쌓여가며, 우리의 자아는 형태를 갖게 되고 감성은 풍부해지며, 마음에는 에피쿠로스가 이야기했던 아타락시아가 가득 들어찬다.

몸은 늙지만 우리의 영혼은 영원히 늙지 않는다. 그것은 언제든 더 발전할 수 있고 더 풍요로워질 수 있다. 책을 통해 우리의 정신을 살찌우고 그 풍요를 경험하는 데 있어 너무 이르거나 너무 늦은 나이는 없다. 모두가 책으로부터 혜택을 얻을 수 있다. 만약 책이 이 세상 그 어느 것보다 우리의 행복에 유용한 도움을 주는 마법 같은 물건이 아니라면, 책에 대한 그 수많은 찬사들은 아마도 역사상 가장 끈질기게 살아남은 최고의 거짓말일 것이다. 하지만, 그 모든 찬사는 결코 거짓말이 아니다. 책은 사람을 변화시키고 운명을 바꾼다. 한 권의 책이 영웅을 만든 사례는 그리 많지 않겠지만, 모든 영웅들의 정신은 몇 권의 훌륭한 책에 그 뿌리를 두고 있다.

시작이 반이며, 아무리 좋은 책이라도 그 절반은 독자가 만든다. 그저 누구를 좋아한다고 사랑이 저절로 시작되지는 않는다. 용기를 내어 고백을 하는 순간 사랑은 시작되는 것이다. 처음에는 힘들더라도, 어린 소년이 훈련을 거듭하며 챔피언으로 거듭나듯, 차근차근 한 번에 한 페이지씩 그렇게 삶이 우리를 위해 숨겨둔 행복을 찾아 책 속으로 떠나는 여행을 시작해보자.

종교의 세계

종교를 뜻하는 영어 단어 religion의 라틴어 어원은 religio다. 그 의미는 '결합하다'이다. 이 단어가 의미하듯, 종교란 인간과 인간을 제외한 그 나머지 모든 것들과 연결해주기 위한 끈이자 길로서 존재해왔다. 하지만, 지난 100여 년간 과학이 빠르게 발전하며 인간은 종교로부터 급속도로 멀어졌다. 태양계의 다른 행성에 탐사선을 보내고, 실험실에서 새로운 생명을 만들어내는 유전자공학이 회자되는 시대에 수천 년 전에 일어났다는 대홍수에 대한 이야기나 날개 달린 천사들에 대한 이야기는 어딘가 설 자리를 잃어가고 있는 것처럼 보인다.

사실 성경에서 이야기하는 많은 내용이나 불교에서 말하는 우주의 참 실체에 대한 이야기는 오늘날 과학적인 관점으로 볼 때 조금 믿기 어려운 이야기임은 분명하다. 그래서 스스로 제법 지적이라고 생각하는 사람 중에는 종교의 이런 판타지 소설 같은 이야기를 믿는다는 것은 아직 과학과 현대 문명의 혜택을 입지 못한 자들이 보여주는 안타까운 미개함의 증거라고 생각하는 경우도 있다. 그들은 종교인들을 바라보며 그들의 무지와 미개함에 대해 때로는 혐오감을, 때로는 같은 인간으로서 안타까운 동정심을 느끼기도 한다. 한편, 종교인들은 그 반대로 신을 믿지 못하는 이들에 대해 그와 비슷한 감정을 느낀다. 흥미로운 것은, 인간을 다른 모든 것과 결합해주기 위해 존재해온 종교가 오늘날에는 한 무리의 인간들을 그 나머지 무리의 인간들과 분리해놓는 벽으로 존재하고 있다는 사실이다.

우리는 잠시 한 걸음 뒤로 물러나 이 종교라는 신비한 믿음을 조금 다른 관점으로 바라볼 필요가 있다. 최소한 당분간은 뚜렷한 결론이 나지도 않을 문제에 매달리는 대신, 그보다는 좀 더 생산적이고 유익한 문제에 관심을 가져보자는 것이다. 그러니까, 과연 종교가 인간의 행복에 어떤 의미를 가지고 있는지에 대해 들여다보는 것이 천국의 정확한 위치나 하나님의 생김새를 파악하려는 노력보다 더 큰 의미가 있을 것이기 때문이다.

한 가지 부정할 수 없는 사실은 우리 인간의 역사가 기록해온 가장 처음부터 언제나 종교가 있어왔다는 것이다. 다시 말하면, 종교는 음식처럼 인간의 삶에 반드시 필요한 그 무엇인가를 지속적으로 제공해주는 역할을 해왔다. 그렇지 않다면 리처드 도킨스와 같은 진화론자들도 동의하겠지만, 종교는 이미 오래전에 도태되어 사라져 버렸을 것이다. 하지만 종교는 사라지지 않았다. 종교는 아직도 우리 곁에 있으며, 여전히 수많은 사람들이 종교로부터 도움을 받고 있다.

종교가 우리와 이어주려고 하는 그 대상이 무엇이든 간에, 우리는 평소에는 그것을 까마득히 잊고 사는 것 같다. 하지만, 어느 날 갑자기 사랑하는 사람이 세상을 떠나며 커다란 슬픔에 휩싸이게 될 때, 자신이 운영하던 회사가 부도가 나며 삶의 기반이 무너지기 시작할 때, 또는 자신의 몸속에 암이 자라나고 있다는 의사의 이야기를 듣게 되었을 때 우린 불현듯 그 대상을 기억해내고 신을 찾는다. 왜냐하면, 세상에는 오직 신만이 또는 종교만이 답을 줄 수 있는 문제들이 있기 때문이다. 이런 종류의 문제에서는, 실험실에서 새로운 생명을 만들어내는 그 잘난 과학도 아무런 도움이 되지 않는다. 오직 종교만이 위안을 줄 수 있다. 왜냐하면, 이 세상에서 삶과 죽음에 대해 모든 답을 알고 있다고 알려져 있는 곳은 종교밖에 없기 때문이다.

인간을 위한 신

많은 사람들이 종교를 비판하고 때로는 미개한 과거의 산물로 여기는 이유는 사실 종교에 대해 충분히 많이 알고 있어서라기보다는 그 반대인 경우가 더 많다. 또한, 종교에 대한 많은 비판들은 종교 자체를 향한 것이라기보다는 종교를 정치적이고 세속적인 이기심을 채우기 위한 도구로 사용하고 있는 일부 사람들의 부적절한 행동을 향한 것이다. 신자의 아내와 간통을 하다 발각된 어느 목사의 이야기나, 루이뷔통 가방을 들고 개인용 제트기를 이용하다 문제가 된 태국의 럭셔리 스님의 이야기를 듣다 보면 종교에 대한 회의가 생기는 것은 당연하다. 하지만, 세상 어디에서나 썩은 사과는 늘 섞여 있는 법이다. 세상에는 아직도 검소함이나 친절함 그리고 사랑을 삶의 최고의 가치와 미덕으로 실천하며 가르치는 모범적인 종교인들이 많이 있다.

종교에 대해 제대로 알고 있는 사람들이 많지 않은 이유는 그것이 결코 단순하지 않기 때문이다. 기독교든 불교든 아니면 다른 어떤 종교든 간에 그들은 우리가 살고 있는 이 세계보다 훨씬 더 큰 세상에 대한 이야기를 전하고 있다. 그것은 단순히 매우 멀리 떨어져 있는 다른 별에 대한 이야기가 아닌, 말 그대로 다른 세상에 대한 이야기이다. 신이라고 하는 존재 역시 그저 힘이 세고 지능이 높은 또 다른 생명체가 아닌, 우리 인간과는 전혀 다른 차원에 존재하는 미지의 존재이다. 우리는 우리 차원에 한정된 사실들을 파악하는 데에도 버거워하고 있다. 그 때문에 종교는 본질적으로 상상 이상으로 심오하고 어려운 것일 수밖에 없다. 누군가 신이 어떤 모습을 하고 있는지 알고 있다고 주장하는 이가 있다면, 그가 상상하는 것이 무엇이든 그것은 신의 모습이 아닐 것이다. 우리는 신을 오직 상징적으로만 가늠할 수 있을 뿐이지 절대 그의 실제 모습을 알 수는 없다. 종교에 대해 함부로 안다고 말하는 것도 위험한 자만이지만, 그것에 대해

섣불리 부정하는 것도 결코 지혜로운 행동은 아니다.

모르는 것은 미지의 영역에 남겨두고 우리가 알 수 있는 부분에 대해서는 관심을 가지고 공부하는 것이 올바른 태도이다. 우리가 알 수 있는 부분은 앞서도 이야기했듯이, 종교가 우리에게 어떤 의미를 가지고 있느냐는 것이다. 종교의 가르침이 우리들의 삶에, 또 행복에 어떤 도움이 되는가이다. 만약 실제로 그 고민에 대한 답이 참이라면, 우리는 종교의 사실 여부를 전부 알 수 없다는 이유 때문에 애써 그것을 부정하고 외면할 필요가 없다. 왜냐하면 우리가 종교를 부정하는 이유가 아직 미지의 영역에 있다면, 그것이 우리가 당장 확인할 수 있는 혜택들을 누리는 데 방해가 되어서는 안 되기 때문이다.

또 다른 중요한 점은, 우리가 타 종교에 대한 배척감을 줄일 필요가 있다는 것이다. 어떤 형태의 배척감이든 그것은 자만의 결과이며, 자만은 관점이 좁아지게 하여 그 대상에 대한 객관성을 잃게 만들기 때문이다. 세상에 전파되어 있는 다양한 종교들을 조금만 깊이 들여다보면 사실 그들의 기본적인 교리가 놀랍도록 비슷하다는 것을 알 수 있다. 겸손의 미덕, 타인을 향한 친절함, 삶을 대하는 성실한 태도, 마음의 평온, 물질적 부에 대한 절제 그리고 사후 세계에 대한 인정과 같은 이야기들은 서로 그 형태만 조금씩 다를 뿐 모든 종교가 한목소리로 이야기하고 있는 내용이다. 만약 어떤 이가 사우디아라비아의 한 가정에서 태어났다면 그는 무슬림이 되었을 확률이 높다. 반대로 그가 인도에서 태어났다면 그는 아마 힌두교도가 되었을 것이다. 그리고 그가 티베트에서 태어났다면, 그는 모든 불교 중에서도 가장 신비롭다고 알려져 있는 티베트의 밀교를 믿는 불교도인이 되었을 것이다. 종교는 문화의 옷을 입고 있다. 우리가 태어난 장소에 따라 다른 옷을 입게 되었다고 그 옷을 입고 있는 사람의 본성 자체가 다를 수는 없다. 우리는 모두 인간이다. 그것이 우리 모두가 공통적으로 가지고 있는 뿌리이다. 단지 문화가 다른 나라에서 태어났기 때문에 다른 옷을 입고 있다는 이유로 서로를 부정하고 배척하는 것은 누구에게도 결코 도움이 되지 않는다.

따라서 내가 태어난 지역의 종교 외에 다른 모든 것은 가짜라거나, 신의 존재를 과학적으로 증명하지 못할 경우에는 그 종교의 모든 교리도 엉터리에 불과하다는 식의 이분법적 사고방식, 그리고 그로 인한 적대심과 자만심을 내려놓을 수 있다면, 비로소 우리는 이 종교라는 신비한 이야기들이 우리의 삶과 행복을 위해 어떤 도움을 줄 수 있는지에 대해 알 수 있는 소중한 기회를 가질 수 있을 것이다.

한 가지 덧붙이자면, 물론 종교가 심오하고 때로는 지나치게 엄숙한 분위기를 풍기는 것은 사실이지만, 그 본질은 매우 흥미롭다는 것이다. 잠시 생각해보자. 이 세상에 종교처럼 흥미로운 주제가 또 있을까 말이다. 종교는 우리의 삶에 대해 매우 구체적으로 이야기한다. 마치 그것에 대해 모든 것을 알고 있다는 듯, 우리가 경험하는 모든 감정과 상황에 대해 답을 내놓고 있다. 우리가 점집을 찾는 이유는 우리가 알 수 없는 것들에 대한 답을 듣기 위함이다. 하지만 성경이나 불교의 경전들을 자세히 살펴볼 수만 있다면, 우리가 점집에 들고 가는 그 모든 질문들의 대답이 들어 있다는 사실을 알 수 있다. 지금 겪고 있는 고통의 근원이 무엇인지, 어떻게 이 고통과 슬픔에서 벗어날 수 있는지, 우리가 행복하기 위해서는 지금 무엇을 해야 하는지에 대한 모든 답을 우리는 종교 안에서 찾을 수 있다. 종교는 또한, 우리에게 가장 인기없는 주제이자 가장 두려운 주제도 다루고 있다. 바로 죽음이 그것이다. 죽음은 과학의 이야기가 끝나는 곳이다. 죽음에 대해 확신을 가지고 이야기하는 것은 종교 고유의 영역이다. 평소 그것에 대한 생각을 하는 것도, 또 대화를 나누는 것도 좋아하지는 않지만, 죽음 이후 내가 어떻게 될 것인지에 대한 이야기가 궁금하지 않은 사람은 없을 것이다. 종교는 우리의 과거에 대해서도 이야기한다. 이 모든 것이 시작된 맨 처음 말이다. 아무것도 없던 작은 점에서 갑자기 대폭발이 일어나며 우주가 시작되었다는 그런 딱딱한 이야기가 아닌, 우리와 비슷한 형상을 한 어떤 절대적 존재가 6일에 걸쳐 세상을 만들고 그 모든 것을 누리도록 해주기 위해 우리 인간을 만들었다는 이야기는 사실 여부를 떠나 빅뱅 이야기보다 훨씬 더 흥미롭고 따뜻하다.

종교는 비록 신과 우주에 대한 이야기이지만, 그 중심에는 인간이 있다. 그리고 행복이 있다. 종교는, 인간을 위해 인간에게 전달되어온 아주 오래된 이야기이다. 종교는 우리가 이 삶에서 그리고 이 삶을 넘어서까지 어떻게 하면 행복할 수 있는지에 대해 알려주고 있다. 그리고 종교는 우리가 어떻게 하면 고통을 피할 수 있는지에 대해서도 말해준다. 만약 종교가 그저 꾸며낸 이야기에 불과할지라도, 누군가가 우리를 위해 이토록 아름답고, 신비롭고, 거대하고 정교한 이야기를 만들어 지금까지 전해주고 있다는 사실에는 분명 인간을 향한 사랑의 마음이 담겨 있는 것이 분명하다. 종교는 궁극적으로 우리가 행복하길 바란다. 마치 아직 말을 알아듣지 못하는 갓난아기를 가르치기 위해 다양한 방법으로 노력하는 지혜로운 부모처럼, 종교가 우리에게 들려주는 모든 이야기에는 인간을 위한 무조건적인 사랑이 배어 있다. 우리가 그런 과분한 사랑에 대해 취할 수 있는 최소한의 성의는, 그것이 들려주는 이야기가 과연 어떤 것인지 진심 어린 관심을 가져보는 것이다.

루시퍼가 천국에서 쫓겨난 이유

—

우리가 종교로부터, 그것이 어떤 종교이든 간에, 얻을 수 있는 첫 번째이자 어쩌면 가장 소중한 보석은 바로 겸손이다. 겸손을 뜻하는 영어 단어 humility의 라틴어 뿌리는 후무스humus, 즉 비옥한 토양이라는 뜻이다. 자연 상태의 인간은 아주 작고 불안하고 온갖 결함으로 똘똘 뭉친 위태로운 존재들이다. 하지만 모든 종교가 가르치고 있듯, 우린 성장할 수 있다. 우리가 내면에 품고 있는 신성의 씨앗을 잘 보살펴서 성장하면 우리는 신격을 얻을 수도 있다고 종교는 말한다. 그 성장의 시작은 겸손이다. 겸손은 자신이 완벽하지 못함을 인정하고 그 미흡함과 결함 들을 보완하기 위해 새로운 배움을 찾는 태도이다. 마치 비옥한 땅처럼 그런 마음은 다른 좋은 씨앗을 받아들이고 그것이 성장하여 마침내 커다란 열매를 맺을 수 있도록 한다. 이 때문에 종종 겸손은 모든 성장과 행복의 출발점이 된다.

자만심과 교만함이 가득 찬 마음은 아무것도 배우지 못한다. 그것을 땅에 비하자면 아마도 씨앗 하나 싹을 내릴 수 없는 콘크리트 땅일 것이다. 자신이 제일 잘났고, 자신은 이미 많은 것을 알고 있으며, 또 자신이 아는 것이 늘 옳다고 생각하기 때문에 그런 마음을 가진 사람은 그것이 지식이든, 지혜든, 종교든 더 이상 배울 것이 없다고 믿는다. 그리고 그는 자신의 믿음처럼 실제로 아무것도 배우지 못한다.

따라서 우리 인간에게 가장 위험한 결함은 바로 교만이다. 교만은 모든 성장의 가능성을 차단해버리고 인간을 자신만의 세계 안에 고립되도록 만든다. 또한 인간이 범하는 다른 덜 나쁜 죄들, 예를 들면 성욕이나 공격성에 의한 죄들은 우리의 육체적 본능에 그 뿌리를 두고 있지만 교만은 순수하게 영적인 죄이다. C. S. 루이스는 교만에 대해 그것이 지옥에서 곧장 나온 것이며 또 그 때문에 가장 교묘하고 치명적이라고 지적한 적이 있다. 교만은 우리가 사탄의 우두머리라고 부르는 루시퍼 대악마가 천상에서 추방당한 이유이기도 하다.

우리는 우리가 이성적이며 항상 논리적으로 최선의 선택을 할 수 있다고 믿고 있지만, 우리의 감정은 언제든지 이성을 제압하고 곧 다음 순간 후회를 하게 만들 일을 저지를 준비가 되어 있다. 그리고 우리는 실제로 그렇게 수많은 실수를 하고 또 수많은 시간을 후회로 보낸다.

예고 없이 찾아올 수 있는 암 선고나 자동차 사고로 인해 언제든지 갑자기 세상을 떠날 수도 있지만, 우리는 삶의 가장 큰 사건인 죽음에 대해서는 아무런 준비도 하지 못하고 있다. 우리는 모두 하루하루 죽어가고 있지만, 죽음에 대해서는 그저 그것이 모든 것의 끝이라는 절망적인 체념을 하는 것 외에는 아무것도 아는 바가 없다. 죽음에 대한 공포는 너무나도 커서, 그것에 대해 이야기하는 대신 우리는 평소에 그것에 대해 완전히 (마치 그것이 존재하지 않는 것처럼) 잊고 사는 방법을 터득했다. 우리는 사는 법을 모르는 상태로 세상에 태어났으며, 살아가는 동안에도 여전히 그 대부분을 능숙하게 터득하지 못하며 산다. 우리는 삶에 대해 모르는 것 이상으로 죽음에 대해서도 모른다. 어떻게 보면 우리는 정말 삶에 대해 애처로울 정도로 할 수 있는 것도, 그렇다고 아는 것도 별로 없다. 이런 점만 생각해보더라도, 우리는 우리가 겸손해야 할 이유를 부족함 없이 가지고 있다.

종교는 그런 인간의 한계를 일치감치 파악했다. 그리고 지난 수천 년 동안 우리 스스로가 자신이 가진 나약함과 변덕스러움 그리고 무지와 같은 치명적인 결함들을 잊지 않도록 가르쳐왔다. 그래서 우리가 겸손이 주는 혜택을 놓치지 않도록 노력해왔다. 기독교에서는 원죄에 대한 이야기로 우리의 부족함을 일깨워왔으며, 불교에서는 무지의 바람을 의미하는 무명풍無明風이 부는 사막 한가운데를 헤매고 있는 모습으로 우리의 위태로운 상황을 묘사하려고 애를 써왔다.

불교에서는 우리의 삶이 본질적으로 고통일 수밖에 없다고 가르친다. 불교의 경전에서는 인간을 수백 개의 화살이 꽂혀 있어 고통으로 울부짖는 짐승이라고 표현한다. 그 수천 개의 화살이란 우리의 감각들로부터 들어오는 모든 유혹, 자극 그리고 집착이 만들어낸 욕망이다. 이 책의 여러

장에 걸쳐 이미 살펴보았듯이 우리의 고통은 상당 부분 우리의 욕망에 뿌리를 두고 있다. 앞서도 소개한 쇼펜하우어의 말처럼, 욕망이란 그것이 해소되기 전까지는 온전히 고통의 형태로 존재하기 때문이다. 불가에서는 이런 고통들을 번뇌라고 부른다.

우리가 고통에서 벗어나지 못하는 또 다른 이유는 우리가 불완전한 존재들이기도 하지만, 우리의 상태가 지속적이지 않기 때문이다. 다시 말하면, 누구도 삶의 어느 순간에는 훌륭함이나 도덕적 완전함을 보여줄 수 있지만, 조금만 경계를 늦추면 우리는 언제든 타락하여 고통의 늪으로 추락할 수 있다는 뜻이다. 이런 사실을 이해한다면, 겸손이란 인생을 살아가는 동안 언제 한 번 받아들인 후 그다음부터는 잊고 지내도 되는 그런 것이 아닌, 아무리 큰 성공이 우리의 마음을 들뜨게 하더라도, 또한 아무리 커다란 성취가 우리를 마치 결함이 없는 대단한 사람처럼 보이게 하더라도, 항상 자신의 일부로 가지고 있어야 할 삶의 지혜라는 것을 알 수 있다.

가장 오래된 지혜
—

행복한 삶을 위해 지혜가 필요하다는 점에 있어서는 불교도 그리고 기독교도 단호하다. 단지 착하게만 사는 것은 충분하지 않다. 왜냐하면 지혜가 없다면 무엇이 착한 행동인지 알 수 없기 때문이다. 성경에서 예수님도 우리에게 "비둘기처럼 순결할 뿐 아니라 뱀처럼 지혜로우라"라고 말

쓸하셨다. 지혜라는 것은 어떤 것이 우리에게 이로운 것이고 또 어떤 것이 해로운 것인지 분별하는 도구이다. 삶이라는 여행은 지혜의 나침반 없이는 올바른 길을 찾을 수 없다. 그리고 지혜는 스스로 구해야 한다. 자신이 스스로 지혜를 구하지 않고, 지혜라는 것을 알고 있다고 주장하는 다른 사람의 말에만 기대는 소극적인 태도는 자칫 맹인이 맹인을 이끌도록 내버려두는 것이 되어, 둘 다 구덩이에 빠지게 되는 불행한 결과를 초래할 수도 있다. 왜냐하면 지혜란 가르칠 수는 있어도 전달될 수는 없는 것이기 때문이다. 지혜는 오직 경험으로만 온전히 내 것이 될 수 있다. 예를 들면, 텔레비전에서 맛있는 케이크를 보여주며 광고를 한다고 해도, 직접 그것을 맛보지 않는 이상 그 맛이 어떤지에 대해서는 알 수가 없다. 그것을 실제로 맛보지 않고서는 고작 그것이 무척 달겠구나 하는 정도의 막연한 추측밖에는 할 수가 없다.

지혜에 대한 사람들의 가장 오래된 오해 가운데 하나는 그것이 무언가 놀라운 사실이나 신비로운 이야기일 것이라는 믿음이다. 하지만, 우리가 불자의 올바른 생활에 대한 지침을 담고 있는 불교의 팔정도나 성경의 십계명을 떠올려본다면, 그 대부분의 내용은 맥이 빠질 정도로 당연하고 평이한 이야기라는 사실을 알 수 있다. 종교에 있어 지혜란 많은 경우, 새로운 것을 배우는 것이 아닌 이미 오래전부터 우리가 알고 있던 것들의 숨은 의미를 새롭게 다시 발견하는 것이다. 이 때문에 불교에서는 지혜 또는 불성을 방 안 어딘가에 내버려져 먼지가 뿌옇게 쌓인 오래된 장난감이라고 표현하기도 한다. 지혜는 새로운 것이 아닌 오래된 것이고, 주어지는 것이 아닌 내 안에서 발견하는 것이며, 지금까지 미뤄왔던 실천을 하는 것이다. 종교의 가르침에 따르면, 우리는 이미 필요한 모든 것을 우리 안에 가지고 있다. 다만 그 사실을 모르고 있는 것뿐이다.

붓다는 우리를 위해 경전 팔만 권 분량이 넘는 가르침을 남겨주었지만, 정작 본인이 완전한 깨달음을 이루는 데에는 자신의 내면을 관찰하고 숙고하는 명상 외에는 아무것도 필요하지 않았다. 그는 오직 명상을 통해 '반야', 즉 궁극의 깨달음을 얻을 수 있었다. 우리 내면에 이미 존재하고 있다는 지혜를 발견하기 위해서는 마음의 고요와 집중이 필요하다. 왜냐하면 우리의 마음 안에는 언제나 엄청난 양의 잡념이 가득하기 때문이다. 이들 잡념의 소음 때문에 우리 안의 지혜들이 가려져버려 그것을 발견하지 못하는 것이다. 명상이나 미사 또는 기도와 같은 행위는 마음을 차분히 가라앉혀 내면의 잡념과 소음을 제거하여 지혜가 수면 위로 떠올라, 비로소 우리가 그것들을 발견할 수 있도록 해주기 위해 아주 오래전부터 개발되어온 방법들이다.

지혜를 추구함에 있어 고독은 반드시 필요하다. 고독은 외로움과는 다른 것이다. 다른 사람과의 물리적 거리는 외로움과 상관이 없다. 많은 사람이 모인 모임 한가운데에서도 우리는 극심한 외로움을 경험할 수 있으며, 반대로 아무도 없는 오지를 홀로 탐험하는 탐험가는 고국에서 자신을 응원하는 많은 사람들을 떠올리며 마치 백 명의 친구들과 함께 있는 듯한 든든함을 느낄 수도 있기 때문이다. 고독과 외로움 모두 홀로 있는 것이지만, 전자는 즐거움이고 후자는 고통이다. 외로움은 무언가에 대한 결핍의 감정이다. 만약 우리가 자신의 내면에 대한 자각이 충분히 있는 상태라면, 우리는 혼자라도 외롭지 않을 수 있다. 하지만 그렇지 못한 상태라면, 우리는 언제나 외부로부터 연결될 수 있는 무엇인가를 갈구하게 되며, 만약 그것이 없을 경우 외로움이라는 고통을 느끼게 되는 것이다. 고독은 혼자 있는 것이 아니다. 고독은 자신과 함께 있는 것이다. 자신의 내면을 들여다볼 여유를 스스로 챙기고 그것을 즐기는 것이다. 우리들 바깥에도 우주가 있지만 우리 개개인 내면에도 그만큼 커다랗고 신비한 또 다른 우주가 존재한다. 많은 사람들이 자신 내면에 있는 이 우주의 존재 자체를 모르고 살기도 한다. 불교의 깨달음 그리고 기독교의 신 모두 외부 어딘가가 아닌, 바로 우리 내면의 우주에서 발견되는 것이다. 이 사실을 잘 알고 있는 종교는 언제나 우리를 내면의 세계로 인도하려고 노력해왔다.

《누가복음》 18장 25절에는 "낙타가 바늘귀로 들어가는 것이 부자가 하나님의 나라에 들어가는 것보다 쉬우니라"라는 말씀이 있다. 이 말은 주로 부자들의 부도덕함을 공격하는 도구로 자주 사용되지만, 실상은 그리 간단하지 않다. 부자들이 무슨 죄가 있는가? 성실히 노력해서 그 대가로 많은 부를 모은 사람도 있을 것이며, 또 보통 부자도 더 큰 부자에 비하면 가난하다고 할 수 있는 것인데, 누가 부자의 기준을 말할 수 있는가? 또한, 가난한 사람 중에서도 여느 부자 못지않게 부도덕하고 악한 사람이 있을 것이다. 단지 큰 부를 모았다는 것 때문에 그것이 죄가 되어 천국에 들어가지 못한다고 이야기하는 것은 너무 단순하고 유아적인 해석이다.

하지만, 우리는 왜 부자가 천국에 들어가기 어려울 수도 있는지에 대해서는 한 번 생각해볼 수 있다.

부자가 천국에 들어가기 어려운 이유는 고타마 싯다르타, 즉 붓다가 궁전에 남아 있었을 경우를 생각해보면 알 수 있다. 그의 생활은 부가 제공하는 삶의 모든 쾌락으로 빼곡히 채워져 있었다. 그는 생각이나 감각의 공백을 느낄 틈이 없었을 것이다. 그런 사람이 외부로부터 제공되는 모든 쾌락의 유혹을 물리치고 스스로 자신의 내면을 만나기 위한 고독을 찾기란 쉽지 않았을 것이다. 유혹이 없는 것보다는 유혹이 있는 것이 더 힘들 것이고, 세상의 모든 쾌락이 손만 뻗으면 닿을 곳에 있는 상황에서 그 유혹의 힘은 매우 강했을 것이다. 그리고 그것을 이겨내는 것은 거의 불가능했을 것이다. 그 때문에 지혜로운 붓다는 궁전을 도망치듯 떠난 것이다. 《누가복음》 16장 13절에서 예수가 "너희는 하나님과 재물을 겸하여 섬길 수 없느니라"라고 말씀하신 것도 이와 같은 맥락이다. 종교는 언제나 우리의 삶을 최대한 단순하게 유지하라고 조언한다. 그런 면에서 소로는 기독교인은 아니었지만 그 가르침을 충실히 따랐던 매우 지혜로운 사람이었다고 할 수 있다.

모두를 위한 사랑

—

세상의 모든 종교가 우리에게 일관되게 가르쳐온 것은 바로 타인 그리고 다른 생명들에 대한 공감이다. 고대 그리스인들은 사랑에는 세 가지 종류가 있다고 믿었다. 쾌락적인 사랑을 뜻하는 에로스eros, 우정을 뜻하는 필로스philos, 그리고 조건 없는 사랑을 뜻하는 아가페agape가 그것이다. 우리가 말하는 사랑은 대부분 에로스인 경우가 많으며 종교에서 가르치는 사랑은 아가페의 영역에 속한다. 《마태복음》 22장 39절에 나오는 말씀인 "네 이웃을 네 자신같이 사랑하라"는 불교에서 가장 중요시하는 자비심compassion, 즉 '함께 느끼다'와 같은 의미를 가지고 있다. 상상이 가는가? 세상 모든 존재들이 서로에 대해 조건 없는 사랑을 주고받는 세상이. 바로 그런 세상이 종교가 지난 수천 년 동안 일관되게 추구해온 세상이다. 천국은 죽음 뒤나 하늘의 구름 뒤 어딘가에 있는 것이 아닌, 바로 서로에 대한 그런 따뜻한 마음을 가진 인간들에 의해 구현되는 세상이다. 만약 우리가 그런 세상을 만들어낼 수만 있다면, 굳이 천사가 있는 천국을 찾을 필요가 없다. 그런 세상에서는 우리 모두가 이미 천사이기 때문이다.

근대 자본주의의 아버지라고 할 수 있는 애덤 스미스도 서로에 대한 이런 사랑의 마음을 강조한 바 있다. 놀랍게도 오늘날 자본주의는 그가 그렸던 세상과는 전혀 다른 것이다. 그는 그의 가장 유명한 개념인 '보이지 않는 손', 즉 인간의 이기심으로 움직이는 세상의 힘이, 인간들이 서로를 아끼고 사랑하는 마음에 의해 조절될 것이라고 믿었다. 그는 그것을 공감력sympathy이라고 불렀다. 그리고 모든 인간이 자신보다 덜 가진 이들에게 자비를 베풀 것이라고 믿었다. 하지만 오늘날 우리가 볼 수 있듯, 비록 우리 안에 타인의 고통에 공감할 수 있는 능력의 불씨가 존재한다 하더라도, 그것이 저절로 실천되지는 않는 것이다. 그래서 종교는 우리 안에 존재하는 공감과 자비의 불씨를 다시 일깨우고자 늘 노력해왔다.

기독교의 선교 활동도 그 근본 뿌리에서 보면 이것과 같은 마음이다. 좋은 것을 남과 나누려는 노력인 것이다. 그들은 기독교가 진정 구원의 길이라고 믿기 때문에 선교를 통해 아직 그 복음을 듣지 못한 이들에게 순수하게 구원의 혜택을 전달하려고 하는 것이다. 일부 부패한 교회에서 회원 확보를 위한 활동으로 잘못 수행해온 탓에 선교에 대한 이미지가 많이 퇴색하긴 했지만, 선교는 근본적으로 가장 좋은 것을 최대한 많은 사람들과 함께 나누겠다는 마음에서 시작된 숭고한 노력이다. 실제로 선교 활동은 아프리카의 많은 사람들에게 의료와 식량 문제에 큰 도움을 주고 있으며, 우리나라의 경우 캄보디아나 동남아 국가들의 물 부족 문제를 해결하는 데도 선도적인 역할을 하고 있다. 그 결과, 해당 지역의 사람들은 기독교 교리 이전에 그 사랑과 나눔의 마음을 먼저 접하게 되며, 자발적이고 자연스럽게 그 종교에 대한 관심과 친밀감을 가지게 되는 것이다. 그리고 바로 그런 방식의 사랑의 확산이 초창기 기독교가 의도했던 선교 활동의 목적이다.

불교의 입장에서 보면 타인에 대한 공감력, 다시 말해 자비심을 베푸는 것은 또 다른 혜택이 있다. 불교에서는 우리가 이 사바세계에 반복해서 다시 태어나는 이유를 '업보'의 영향으로 보고 있다. 업보에 해당하는 산스크리트 단어는 카르마^{karma}로, 이것은 '행위'라는 뜻이다. 무지와 번뇌 때문에 우리는 잘못된 선택과 행동을 하게 되는데, 그런 행위가 남긴 인상들이 또 다른 잘못된 행위를 불러오고, 그렇게 행위는 결과로, 또 그 결과는 다시 또 다른 행위를 일으키며 끝없이 반복되는 것이다. 다시 말하면 내가 누군가를 때렸다면 그는 복수를 원할 것이고, 그 복수는 다시 또 다른 복수를 불러오는 것과 같은 이치이다. 그 행위의 인과적인 면을 의미하는 카르마가 모두 사라졌을 때 우리는 비로소 이 윤회의 굴레에서 벗어날 수 있다고 불교는 가르친다. 카르마에는 좋은 카르마인 '덕'과 나쁜 카르마인 '업'이 있다. 다른 생명에게 해를 가하면 그것은 나쁜 카르마가 되어 나에게 이 생 또는 다른 생에서 돌아오게 될 것이고, 만약 좋은 덕을 쌓는다면 그것은 내가 행한 나쁜 카르마를 희석시키는 작용을 하게 되어 이후 내게 복으로 돌아오게 될 것이다. 따라서, 자비심을 가지고 다른 사람들 그리고 다른 생명들에게 착한 행동을 하는 것은 궁극적으로 나를 위한 선물인 셈이다. 불교에서는 남과 나의 구분이 없기 때문에, 무엇이든 남에게 하는 것은 곧 나에게 하는 것과 같다고 믿는다. 이 때문에 자비심을 뜻하는 티베트어인 '체와chewa' 안에는 '나를 이롭게 하는'이라는 뜻도 포함되어 있다.

불완전한 존재들을 위한 위안

—

종교는 그것을 인정하고 신뢰하는 이들에게는, 마치 부모나 선생과 같이 나를 인도해주고 제어해줄 수 있는 어떤 권위를 가진 특별한 존재가 되어준다. 이 말은 우리의 자유를 일부 포기한다는 말이기도 하지만, 그것이 꼭 나쁘다고만은 할 수 없다. 오늘날 세상은 개인 의지가 매우 광범위하게 인정되고 실천되는 곳이다. 품행이 방정치 못한 아이들이 동네 어른들에게 꾸지람을 듣던 때와는 다르게 이제는 대로변에서 담배를 피우는 어린 학생에게 무어라 훈계의 말을 한마디 건네려는 어른에게도 용기와 각오가 필요한 시대이다. 또한 우리가 일단 어른이 되고 나면, 이제는 공식적으로 삶을 어떻게 살라든지, 무엇이 좋고 무엇이 나쁜지에 대한 이야기를 듣는 경우가 별로 없다. 우리 모두가 각자의 인격과 판단력을 존중받고 싶어서이기도 하고 또 사회도 그렇게 해주고 있다.

하지만 중요한 점은 앞서도 이야기했지만, 비록 어른이 되었다고 해도 우리는 충분히 주체적이지 못하고, 언제나 실수를 저지를 준비가 되어 있으며, 실제로 늘 실수를 저지르며 산다는 사실이다. 또한 실수가 아니더라도, 삶은 종종 우리가 예상했던 것과는 다른 방향으로 진행되어 우리를 당황하게 만들고 고통스럽게 만든다. 우리는 오랜 기간 몸담아왔던 회사에서 예고도 없이 쫓겨날 수도 있으며, 자식처럼 키워왔던 회사가 무너지는 것을 경험하기도 한다. 떨어져서는 절대 살 수 없을 것 같던 사람이 급작스러운 죽음으로 영원히 다시는 돌아오지 못할 곳으로 떠나버리기도 하고, 반대로 내가 떠나야 할 준비를 해야 하기도 한다. 우리는 단지 우리가 사회에서 요구하는 마땅한 지위와 부의 상징을 갖추지 못했다는 이유로, 늘 친절하고 정직하게 살아온 나의 인격까지도 인정받지 못하고 멸시와 무시를 당하는 경험에서 소외감을 느끼기도 한다. 이럴 때, 우리는 우리가 어른인 것에 대해, 즉 스스로 책임지고 모든 것을 할 수 있어야만 한다는 세상의 기대에 깊은 좌절감을 경험하게 된다. 왜냐하면 고통 때문에 힘들어하는 인간은 누구나 어린아이가 되기 때문이며, 이들은 마치 어머니처럼 기댈 수 있는 누군가가 필요하기 때문이다. 그리고 바로 그곳에 늘 종교가 있었다.

부처님은 열반에 들며 자신의 모습을 절대로 우상으로 만들어 숭배하지 말라고 했다. 하지만 사람들은 그의 모습을 금이나 나무로 빚거나, 절벽에 조각으로 만들어 숭배해왔다. 이것은 사람들이 부처님의 말씀을 중요하게 생각하지 않아서가 아니라, 무엇인가 그를 기리며 기댈 수 있는 것이 필요했기 때문이다. 기독교의 마리아상이나 불교의 부처상 모두 스스로의 능력으로는 감당할 수 없는 삶의 고통 앞에 좌절해버려 다시 어린아이가 되어버린 우리가, 유년의 기억을 더듬어 다시 우리에게 용기와 애정을 불어넣어줄 어머니 그리고 아버지를 필요로 했기 때문에 존재하는 것이다. 어쩌면 우리가 돌로 만든 불상과 나무로 만든 마리아상을 바라보며 구하는 지혜와 용기는 줄곧 우리 안에 있었던 것인지도 모른다. 하지만 기도를 통해 또는 명상을 통해 대화를 하는 순간, 우리 안에 숨겨져 있었던 그 지혜와 용기가 비로소 다시 기억되고 발견되는 것이다.

가장 아름다운 기도문으로 알려져 있는 〈평온의 기도〉 앞부분을 살펴보자.

신이시여,
제가 변화시킬 수 없는 것들을 받아들일 수 있는 평온함을 주시고,
변화시킬 수 있는 것들을 바꿀 수 있는 용기를 주시고,

이 두 가지를 구별할 줄 아는 지혜를 주소서.

　기도하는 이가 필요로 하는 것은 사실 이 기도문에 이미 다 들어 있다. 그는 자신이 바꿀 수 없는 상황에 대해 체념해야 함을 알고 있고, 또 바꿀 수 있는 것들을 위해 최선을 다해 노력해야 함을 알고 있는 것이다. 그리고 그 두 가지를 구분할 줄 아는 지혜가 그에게 우선 필요한 도움이라는 것도 알고 있다. 하지만 혼자 이것을 다짐하는 것보다, 우리보다 훨씬 우월하며, 무한한 애정을 가진 어떤 절대적 존재가 우리에게 그 평온함과 용기 그리고 지혜를 준다고 상상하게 되면, 우리는 비록 그것이 자신의 생각이고 선택이지만 확신의 힘을 가지고 받아들일 수 있게 된다. 마치 처음 자전거를 배울 때처럼, 뒤에서 자전거를 잡아주던 아빠는 이미 손을 놓았지만 여전히 그가 자전거를 잡아주고 있다는 믿음에 우리는 넘어지지 않고 페달을 구르며 앞으로 나아갈 수 있는 것과 마찬가지이다.

　교회에서 기도를 올리기 위해서는 무릎을 꿇어야 하고 절이나 법당에서 절을 올리기 위해서는 머리를 바닥까지 숙여야 한다. 교만한 사람은 자신이 누군가에게 무릎을 꿇거나 바닥에 머리를 숙여야 한다는 사실을 불쾌하게 생각할 수도 있다. 하지만 자신의 내면에 아직도 자리 잡고 있는 그 영원한 유년의 필요성을 솔직하게 인정할 수 있는 경건한 마음을 가진 사람은 오히려 자신을 낮추며 기댈 수 있는 누군가가 있다는 사실에 깊은 고마움과 위안을 느낄 것이다.

　사실 나는 이 책을 통해 어떤 특정 종교의 믿음에 대해 편향된 이야기를 나누려고 하는 것도, 그렇다고 신의 존재 여부에 대한 긍정이나 부정 또는 어떤 입장을 취하려는 것도 아니다. 하지만 기독교의 교리를 들여다보면, 그것의 진실 여부와는 상관없이 (그것은 아직 미지의 영역에 있으므로) 기독교를 '진심으로' 믿는 이들은 매우 행복한 사람들임이 분명하다. 우리는 소위 '빽'이라는 표현으로 우리의 뒤를 봐주는 사람들을 표현한다. 예를 들어, 미국의 오바마 대통령 또는 러시아의 푸틴 대통령이 자신의 빽이라도 된다면 우리의 자신감은 하늘 높은 줄 모르고 기세등등할 것이다. 그런데 기독교인들이 가지고 있는 빽은 고작 한 나라의 대통령도 아닌, 그렇다고 이 지구의 최고 권력자도 아닌, 이 우주를 창조한 절대자이다. 그리고 그 절대자는 무조건적으로 자신의 자식들을 사랑한다. 그들은 오직 사랑받기 위해서만 창조되었기 때문이다. 그들의 신은 모든 것을 용서하고 그들이 사후 영원한 시간 동안, 상상할 수 있는 최고의 행복으로 가득 찬 세상에서 영생을 누릴 수 있도록 모든 준비를 해놓고 기다리고 있다. 그의 아들인 예수는 기독교인들이 기도를 할 때마다 그들의 옆에서 함께하며 기도를 돕는다. 마치 기독교인 한 명 한 명이 신이 만든 유일한 존재인 양, 신은 그 각각의 사람들을 소중하게 그리고 개별적으로 대하고 있는 것이다. 신은 자신의 피조물들이 결함투성이인 것을 잘 알고 있기 때문에, 그들의 모든 결점에도 불구하고 그들이 내딛는 아주 사소하고 작은 발전에도 크게 기뻐한다. 그는 자신의 피조물들이 가는 모든 곳에 그들과 함께 존재한다. 그들이 기뻐할 때나, 헤어 나올 수 없는 고통 속에서 좌절하고 있을 때 언제든 그들의 옆에서 함께한다. 이런 믿음 속에서 살 수 있다는 것은, 비록 그 믿음의 뿌리의 진실 여부가 어떻다고 한들 진정한 축복이라고 할 수 있다. 진정한 신앙이 있는 그들에게는 외로움도, 좌절도, 그리고 두려움도 있을 수가 없다. 기독교이든 아니든, 우리 모두는 그것이 어떤 형태이든 이런 위안을 필요로 한다.

죽음에 대해 가장 많이 알고 있는 곳

종교가 우리에게 줄 수 있는 최고의 도움은 어쩌면 죽음에 대한 위안일 것이다. 다른 모든 것에 대해서는 만물박사처럼 척척 답을 내놓던 과학도 죽음 앞에서는 침묵하며 우리의 불안을 키운다. 기껏해야 그것이 내놓을 수 있는 답은 우리의 육체가 어떤 과정을 통해 부패해서 사라지는지와 같은 불편하고 꺼림칙한 이야기들뿐이다. 우리 인간이 삶에 대해 가지고 있는 집착은 적절한 표현을 찾을 수 없을 정도로 강력하다. 그도 그럴 것이 우리는 우리가 가진 작은 물건이나 돈에도 무서운 집착을 보이는데, 삶은 그야말로 그 모든 것을 담고 있는 것이기 때문이다. 그리고 죽음은 그 모든 것이 끝나버리는 '완전한 끝'인 것이다. 그 끝이라는 것이 정확히 어떤 의미인지 우리는 상상조차 할 수 없다. '영원히 잠드는 것'이라고 다소 낭만적으로 표현하는 경우도 있지만, 다시 깨어날 일이 없기 때문에 잠드는 것이 아닌 그냥 영원히 마치 존재한 적이 없었던 것처럼 사라져버리는 것이라는 표현이 더 정확할 수도 있다. 죽음, 그것은 우리가 상상할 수 있는 모든 것 중 가장 끔찍하고 무서운 생각이다. 또한 우리가 죽음에 대해 가지는 공포심 중 하나는 바로 우리가 홀로 죽는다는 사실이다. 그 영원한 끝도 없는 암흑의 심연으로 홀로 들어가야 한다는 생각은 누구도 도저히 대면할 수 없는 공포스러운 상상이다. 그래서 사람들은 죽음에 대한 사건이나 생각을 잘 다루지 못하며, 평상시에는 마치 그것이 존재하지 않는 것처럼 무시하기로 무언의 합의를 본 것 같다. 이 때문에 우리는 좀처럼 시체를 볼 기회도 없으며, 병원에서도 사람이 죽으면 곧바로 하얀 병원포에 씌워져 어디론가 실려 가고, 이후 장의사가 나머지 일을 처리한다. 우리는 그저 며칠 동안 죽은 이의 사진과 하얀 꽃 장식이 놓인 곳에서 장례식을 치르며 우는 것으로 죽음에 대한 간접 경험을 마무리한다.

기독교가 전하는 사후 세계 이야기는 모두가 이미 잘 알고 있는 그대로이다. 종교의 가르침을 잘 따르는 삶을 살았던 이들은 천국으로, 그렇지 않았던 이들은 지옥으로 간다. 사후 세계에 대한 사실 여부가 어떠하든, 중요한 것은 죽음이 끝이 아니며 그 이후에도 우리의 존재가 지속된다는 위안이다. 그 믿음의 사실 여부는 아무도 확인시켜줄 수 없는 것이다. 그것은 전적으로 개인의 선택에 달린 문제이다.

나의 경우 죽음 뒤에는 아무것도 없다는 과학자들의 이야기보다는, 기독교와 불교 그리고 세상의 모든 종교가 전하고 있는 사후 세계의 이야기를 믿기로 했다. 왜냐하면, 만약 종교에서 전하는 이야기나 리처드 도킨스와 같은 과학자가 전하는 이야기들 모두 어차피 죽어보기 전에는 확인할 수 없는 것이라면, 이왕이면 나의 영혼이 유지되는 쪽을 선택하고 싶기 때문이다. 그리고 그런 믿음을 갖는 것은 내 삶을 더 열심히 그리고 도덕적으로 살아가는 데 큰 도움이 된다.

또한 기독교와 불교에서 전하는 사후 이야기는 이미 기독교 이전부터 오랫동안 전해져오던 이야기이다. 피타고라스와 엠페도클레스 그리고 플라톤 모두 인간의 영혼이 사후에도 살아남으며, 생전의 행적에 따라 심판을 받고 천당이나 지옥에서 시간을 보낸 후 다시 태어난다고 믿었다. 그런 이야기는 플라톤의 《국가》에도 등장한다. 죽은 후 사후 세계를 여행한 뒤 돌아와 그 이야기를 전해주는 '에르의 신화'가 바로 그것이다. 에르가 전해주는 사후 세계의 모습에서는 흥미롭게도 기독교의 사후 심판과 불교의 윤회 이야기가 공존한다. 즉, 인간은 자신의 행적에 따라 사후 심판을 받게 되며, 그 결과에 따라 천 년 동안 천국 또는 지옥에 가서 시간을 보내야 한다. 그리고 새로운 몸을 얻어 다시 태어나게 되는데, 한 가지 흥미로운 점은 각자의 영혼이 자신이 살고 싶은 삶을 선택해서 돌아온다는 점이다. 이것은 여러 신비주의 종교에서 가르치고 있는 핵심 교리이기도 하다. 다시 말해 이 삶은, 그러니까 이 삶의 모든 즐거움과 고통의 경험은 우리가 우리의 영적 성장을 위해 스스로 선택한 것이라는 말이다. 물론 이런 이야기를 곧이 믿을 사람은 많지 않겠지만, 중요한 것은 우리가 삶에서 겪게 되는 즐거움과 고통을 포함한 모든 경험들을 우리의 영적 성장을 위한 기회로 삼을 수 있다는 점이다. 그 이야기의 사실 여부와 상관없이, 만약 우리가 삶에 대해 이와 같은 건설적이고 긍정적인 태도를 가질 수 있다면, 그것은 분명 우리의 성장과 행복에 커다란 도움이 될 것이다.

종교의 진실 여부를 검토하는 것은 물론 중요한 일이다. 진실은 언제나 중요하기 때문이다. 하지만 그 진실 여부를 따져보기 위해서는 우선 그들이 이야기하는 것을 먼저 알아보아야 한다. 그저 '상식'이라는 어설픈 잣대로 사후 세계는 누군가가 지어낸 상상 속 이야기라고 단정해버리는 것이야말로 정말 위험한 생각이기 때문이다. 우리는 세상에 대해 그리 많이 알지 못한다. 이 넓은 우주 안에서 고작 태양계 안쪽도 벗어나지 못하고 있는 주제에 모든 세계, 모든 차원에 대한 진실을 안다고 생각하는 것은 이 장의 앞부분에서도 경고했던 교만의 소치일 뿐이다. 게다가 우주의 나이를 고려해볼 때 만약 그것이 24시간이라고 한다면, 우리 인간이 최초로 세상에 모습을 드러내 지금까지 존재해온 시간은 채 1초도 되지 않는다. 이 때문에 우리는 겸손해야 한다. 특히 종교 앞에서는. 이 세상이 감추고 있는 그 모든 신비에 대해 우리가 알고 있는 것이 얼마나 보잘것없는지 우리는 모른다. 일부 과학자들의 교만은 마치 이제 막 걸음마를 뗀 아이가 자신감에 넘쳐 곧 세상을 정복할 것이라는 야심을 품는 것만큼이나 어리석으며 위험하다.

스스로 판단하라. 스스로 판단하기 위해서는 우선 종교가 전하는 이야기에 관심을 가져보아야 한다. 그렇게 종교가 전하는 이야기들에 관심을 가지다 보면, 삶을 살아가는 데 큰 도움이 될 수많은 보석 같은 지혜를 만나게 될 것이며, 위안이 필요할 때마다 기댈 곳을 가질 수 있을 것이다. 그리고 어쩌면 계속 그렇게 신앙을 향한 여행을 이어가다 보면 어느 날 종교가 전하는 그 모든 이야기의 진실 여부가 사실은 크게 중요하지 않다고 생각될 날이 올지도 모른다. 왜냐하면 그렇게 종교의 이야기에 귀를 기울이며 그들이 전하는 지혜를 실천하는 그 과정에서 이미 스스로 이 땅, 이 삶에서 자신만의 작은 천국을 발견했을 것이기 때문이다.

4부
——

사랑,
우정
그리고
마음

존재의 이유,
사랑

참을 수 없는 사랑의 가벼움

우리는 사랑에 대한 환상을 평생 품고 살아간다. 삶이 제공하는 그 어떤 즐거움보다, 우리로 하여금 사랑의 감정을 느낄 수 있도록 해주는 누군가를 만나고 함께하는 것은 최고의 행복감을 준다. 사랑에 빠졌을 때 우리는 그 대상 이외에는 아무것도 필요하지 않다고 느낀다. 사랑은 마치 온 우주가 한 사람으로 응축되어 나의 몸과 영혼이 필요로 하는 모든 것을 넘치도록 채워주는 황홀한 경험이다. 그 때문에 마약이 그러하듯, 많은 사람들이 이 쾌감을 잊지 못해 그것에 중독되어 평생 사랑을 찾아 헤매기도 한다.

모두가 사랑을 갈망하고 추구하지만 놀랍게도 사랑에 성공하는 사람은 많지 않다. 사랑은 우리 대부분이 실패하는 도전의 대명사가 되어버렸다. 시작하는 사랑에 대한 아름다운 이야기들은 많지만, 지속적으로 그 사랑을 유지했다는 이야기는 드물다. 그 이유는 사랑이 애초에 그렇게 쉬운 것이 아니라는 데 있으며, 그것을 유지하는 것은 더욱 더 높은 수준의 기술과 공부 그리고 노력이 필요하기 때문이다.

오늘날에는 모든 것이 자본주의적 관점에서 추구되고 있다. 사랑도 예외는 아니다. 자본주의에서는 시장이 존재하고 그곳은 거래를 기다리는 상품들로 채워진다. 우리는 우리의 성적, 사회적 매력을 상품의 가치로 내세워 각자 시장에서 자신과 비슷한 가격에 거래될 수 있는 파트너를 찾는다. 이 사랑 시장에서 뛰어난 상품 가치로 여겨지는 요소들은 남성과 여성의 경우 공통된 부분도 있지만 서로 완전히 다른 것들도 있다. 예를 들면, 상대방을 편안하게 해주는 대화 능력이나, 겸손하고 따뜻하다고 느껴지는 인격적인 매력 그리고 사회가 아름다움이라고 믿고 있는 기준에 부합하는 외모는 남성과 여성 모두가 추구하는 가치들이다. 하지만 보다 핵심적인 상품 가치로 들어가게 되면, 그러니까 기능적인 역할에 있어서는 서로가 각각 다른 가치들로 무장한다. 남자의 경우 경제적 능력이 가장 두드러지는 상품성이 되며, 여성의 경우 아름다운 외모가 그에 해당한다. 따라서 충분한 경제적 능력을 지닌 남자는 그에 걸맞은 아름다운 여성을 파트너로 찾게 되고, 마찬가지로 외모에 자신이 있는 여성은 자신이 마땅히 돈이 많은 남성과 사랑을 나누어야 한다고 생각한다. 이런 매력의 교환은 매우 은밀히 이루어지는 거래이지만, 누구나 참여하고 있는 거래이기도 하다. 놀랍게도 오늘날 우리는 이런 천박한 거래에 사랑이라는 이름을 붙여 부르고 있다.

많은 사람들이 사랑을 감정의 경험이라고 이야기한다. 그리고 사랑은 분명 감정의 차원에서 경험되는 것이기도 하다. 사람들은 서로의 겉모습이나 외적 조건 또는 해가 지는 늦저녁 적절한 분위기에서 던져진 달콤한 몇 마디 말 때문에 쉽게 사랑에 빠지기도 한다. 그럼에도 사랑에 빠졌을 때, 연인들은 서로에 대한 감정이 영원할 것임을 믿어 의심치 않는다. 하지만 중요한 것은, 음식을 먹기 전 허기가 느껴질 때와 음식을 배불리 먹고 난 후 바라보는 음식에 대한 감정이 다르듯, 우리의 감정은 그리 믿을 만한 것이 되지 못한다는 점이다.

서로의 내면에 대해 충분히 알지 못한 상태에서, 바로 얼마 전까지 서로를 불타오르게 했던 그 감정의 마법이 사라지고 나면, 연인들은 그들이 처음 만났을 때보다도 더 낯선 상태가 되어버리기도 해 깊은 외로움을 경험하게 된다. 게다가 서로에 대한 감정이 변하기 전까지 보여주었던 상대의 모습과의 괴리에서 깊은 실망감과 배신감까지 더해져, 그들에게 사랑은 고통이 되어버린다. 이것이 모두 그 믿지 못할 감정의 조언에 귀를 기울인 탓이다. 감정은 서로를 사랑에 빠뜨려놓고도 아무런 책임감도 없이 언제 그랬냐는 듯, 때론 작은 말다툼이나 남자의 코 옆으로 삐져나온 작은 코털 하나에도 입장을 송두리째 바꾸어버리기 때문이다.

이것이 오늘날 대부분의 사람들이 사랑을 경험하는 패턴이다. 서로의 겉모습에 끌려 놀라운 속도로 가까워지고, 한동안 불타오르다가, 서로의 내면에 대한 낯설음과 불만족을 발견하고는 헤어진다. 하지만, 사랑의 쾌감은 너무나도 강력하기 때문에 그들은 다시 또 다른 상대를 찾아 헤맨다. 문제는, 애초에 그들이 이전 사랑에 왜 실패했는가에 대해 그 이유를 알지 못한 상태로 새로운 상대를 찾아 떠난다는 점이다. 우리는 대개 성공적인 사랑이란 올바른 상대를 찾는 것에 달려 있다고 생각한다. 이전 사랑이 실패한 이유도 자신이 아닌 상대에게 문제가 있었기 때문이라고, 또는 많이 양보해서 나오는 '궁합'이 맞지 않았기 때문이라고 쉽게 생각해버린다. 따라서 적절한 상대, 또는 나와의 궁합이 잘 맞는 상대를 찾기만 한다면, 사랑은 아무 문제없이 오래도록 행복하게 유지될 것이라고 생각한다. 하지만 이 세상에 노력 없이 얻어지는 것은 없다. 하물며 사랑처럼 아름답고 귀한 것이 그저 적절한 상대를 찾는 것만으로 온전히 우리에게 주어질 수 있다고 믿는 것은 정말 염치없고 순진한 생각이다.

누구나 사랑을 열망하지만 그것이 배워야 할 어떤 것이라고 생각하는 사람은 거의 없다. 그저 자연스럽게 감정에 몸을 맡기면 해결되는 것이라는 안이한 생각이 사랑의 실패를 불러온다. 때로는 거울을 보며 잘 손질한 머리 모양이 멋진 사랑을 만나는 데 충분한 조건이라고 믿기도 한다. 인간의 행복에서 사랑은 절대적인 중요성을 가진다. 세상 모든 것을 가졌더라도 사랑에 실패한다면 그 삶은 결코 행복할 수 없다. 반대로 아무것도 가지지 못한 가난한 삶이라도 진정한 사랑을 할 수 있다면, 그 삶은 불편할지언정 행복할 것이다. 이처럼 사랑은 우리의 행복에 있어 절대적인 지위를 차지하고 있다. 따라서 그것을 그저 운이나 감정 또는 잘 손질된 머리 모양 따위에 맡겨버리는 안이함은 불행을 초대하는 무지한 태도이다. 사랑은 배울 수 있는 것이다. 그리고 익힐 수 있는 기술이다. 사랑에 대한 배움은 어쩌면 우리 삶에서 가장 중요한 공부일지도 모른다.

고독, 사랑의 조건

일반적으로, 우리가 사랑을 하는 이유는 외로움 때문이다. 혼자 있는 것에 대한 그 끔찍한 두려움이 타인을 향한 욕망과 필요를 일으키는 것이다. 우리는 육체적으로나 정신적으로 누군가와 결합하기를 원한다. 그리고 오직 사랑만이 두 사람의 영혼을 그 봉합선이 보이지 않을 정도로 완벽하게 결합시켜줄 수 있다고 믿고 있다. 우리는 누군가와 사랑에 빠지게 되면 그 사람과 모든 것을 공유하려고 한다. 마치 그와 하나로 합쳐지듯, 나의 즐거움, 나의 슬픔 그리고 나의 비밀까지도 상대와 공유하고 싶어진다. 섹스가 쾌감을 주는 것은, 특히 여성들의 경우에는, 그것이 두 사람이 하나의 영혼으로 합해지는 것을 상징하기 때문이다. 이 때문에 여성의 경우 성적 쾌감은 몸보다는 뇌, 그러니까 정신에서 더 강하게 일어난다.

따라서 섹스는, 그리고 사랑은 일종의 종교적인 활동이다. 다시 말하면 인간이 가진 가장 근본적인 갈증을 해결하기 위한 가장 오래되고도 자연스러운 방편인 것이다. 종교와 요가 모두 그 단어의 어원은 '결합하다'이며 둘 다 인간 경험에 있어 궁극적인 만족과 평안에 이르려는 노력이다.

인간이 불안을 느끼는 가장 근본적인 원인은 우리가 다른 사람들뿐 아니라 세상과도 분리되어 있다는 느낌 때문이다. 분리는 적대감을 뜻한다. 극심한 외로움에 빠져 있는 사람에게는 세상 전체가 무관심이 아닌 적대적 대상이 된다. 이 때문에 우리는 늘 우리의 근원과 자연 그리고 다른 사람과 결합하여 그 결합의 희열과 안전함을 느끼려고 노력한다. 우리는 언제나 외롭기 때문이다. 이 세상에 외롭지 않은 사람은, 자신을 온전하게 사랑해줄 누군가를 발견했으며, 그 대상과 건강한 사랑을 나누고 있는 사람뿐이다.

역설적이지만 건강한 사랑의 핵심 조건은 독립성이다. 외롭지 않을 수 있는 사람만이 가장 성공적인 사랑을 할 수 있다. 외로움을 피하기 위해 누군가를 찾는 것은 결과적으로 완전한 충족을 주지 못하며 늘 문제의 씨앗을 품고 있는 관계가 된다. 건강한 사랑은 두 사람이 하나가 되지만 그 중 어느 하나가 다른 한쪽으로 흡수되는 것이 아닌, 서로가 각자의 정체성을 유지한 상태로 하나가 되는 것이다. 누군가를 만날 때마다 변해야만 한다면, 우리는 결코 안정적인 자아도 그리고 다른 사람과의 관계도 이루지 못할 것이다. 따라서 불안하지 않은 사랑을 하기 위해서는 우선 나의 자아가 확립되어야 한다. 가장 이상적인 상황은 내가 나 스스로를 행복하게 만족시킬 수 있는 상태이다. 이런 상황에서는 결핍이 존재하지 않는다. 따라서 외로움을 잊기 위해서나 어떤 쾌락을 좇기 위해 누군가를 필요로 하지 않는 것이다. 이렇게 독립적으로 홀로 설 수 있는 사람이 바라는 것은 오로지 한 가지이다. 바로 자신에게 넘치는 사랑을 주는 것이다.

그리고 이것이 바로 건강한 사랑의 핵심이다.

홀로 설 수 있기 위해서는 먼저 스스로를 사랑할 수 있어야 한다. 모든 생명의 힘은 사랑에서 나온다. 우리는 타인의 사랑 못지않게 스스로를 향한 자신의 사랑을 통해 성장하고 아름다워진다. 근대 사회에서는 자신을 사랑하는 사람을 에고이스트 또는 나르시시스트라고 부르며 그들의 이기심을 비난한다. 나를 진심으로 사랑하는 행위는 이기심과 분리되어 이해되어야 한다. 이기심은 본질적으로 나와 상대를 구분하고 나의 이득만을 추구하는 것이다. 이런 행위는 결과적으로 본인을 사랑하는 것이 아닌 스스로를 작은 인간으로 축소시켜, 그렇게 자신만의 세상에 갇혀 그 누구도 사랑할 수 없는 상태의 인간이 되도록 만든다. 반대로 나를 사랑하는 참된 자기애는, 사랑을 생산하는 건강한 마음과 육체를 가질 수 있도록 스스로의 성장과 행복을 위해 노력하는 것이다. 그가 사람을 사랑하는 방법은 감정이 아닌 그의 행동에 있는 것이며, 그 대상에 자신을 소외시키지 않는 것뿐이다. "네 이웃을 네 자신같이 사랑하라"고 했던 성경의 말은 만약 내가 나를 사랑할 줄 모른다면 다른 사람을 사랑하는 법도 알 수 없다는 뜻이 된다. 다른 사람을 사랑하는 능력과 나를 사랑하는 능력은 구분될 수 없는 기술이다. 사랑에는 스위치가 달려 있어 나에게는 스위치를 올렸다가 남에게는 내리는 방식 또는 그 반대 방식으로 운용될 수 없다. 자신을 온전히 사랑할 수 있는 사람만이 진정 행복한 사람이 될 수 있으며, 그렇게 홀로 서서 스스로 행복할 수 있는 사람만이 다른 사람을 사랑할 수 있다.

사랑의 본질은 나를 주는 것

—

우리가 사랑을 떠올릴 때, 우리는 주로 그것을 받는 입장의 관점에서 생각한다. 이 때문에 우리는 더 사랑받을 수 있을 만큼 예뻐지고, 똑똑해지고, 유명해질 수 있도록 노력한다. 하지만, 실제 사랑은 나에게 넘치는 무언가를 다른 이에게 주는 행위에서 만족을 찾는 것이다. 따라서 사랑은 우리가 흔히 이야기하듯 무언가에 빠지는 것이 아닌 자발적으로 참여하는 것이다. 무언가에 빠지는 것은 수동적이면서도 나약한 행위이지만 참여하는 것은 의지의 힘이 필요한 능동적이면서도 강한 행위이다. 사랑은 강한 것이고 생산적인 것이다. 그것은 결핍을 메꾸는 행위가 아니며, 무언가를 생산하여 나누는 것이다. 건강한 사랑이 가능한 사람은 스스로 행복할 수 있기 때문에, 그 행복을 남과 나누려고 한다. 이 행복 또는 사랑을 물질적인 가치로 환원해서 돈이라고 가정한다면, 그는 움직이는 조폐공장 같은 사람이다. 그는 스스로 돈을 찍어내고 또 그것을 다른 이들과 나눌 수 있을 만큼 부자인 것이다. 그가 자신의 사랑을 나누려고 하는 것에는 전혀 신비한 동기가 없다. 사랑을 베푸는 행위 그 자체가 그에게 행복감을 주기 때문이다. 그는 주는 행위에서 기쁨을 느끼기 때문에 그 사랑의 대가로 돌려받게 될 것을 계산하지 않는다. 계산이라는 것 자체가 공식에 들어가면 그것은 이미 진정한 사랑이 아닌 것이다. 돌려받을 것을 계산하고 주는 사랑은 주는 사랑마저도 희미할 뿐 아니라, 돌려받아야 할 것에 대한 계산으로 초조함만이 있을 뿐이다.

물론 이런 사랑이 쉬울 리 없다. 그 때문에 이런 진정한 사랑은 드물다. 가장 가까운 예로는 예수에게서나 볼 수 있을 정도로 드문 인간의 행복이 되어버렸다. 그 이유는 우리가 주는 것을 손해라고 생각하기 때문이고, 주는 만큼 받아야 한다는 세속적, 자본주의적, 물질적 개념에 너무 익숙하기 때문이다. 우리에게 있어 무조건적으로 주기만 하는 것은 바보들이나 하는 어리석은 짓이기 때문이다. 하지만 그것은 우리가 사랑을 통해 무엇을 주느냐 하는 것에 따라 달라진다. 사랑은 바로 자신에게 가장 소중한 것, 즉 자기 자신을 주는 것이다. 생명력, 시간, 관심, 애정과 같이 자신의 삶을 이루는 모든 고귀한 자원을 상대에게 주는 것이다. 이런 사랑의 행위로 인해 그것을 받는 대상은 풍요로워진다. 그리고 주는 나 역시도 그 모습에서 행복감을 경험한다. 상대가 나의 사랑에 대해 감사의 표시를 했기 때문에 행복감을 느끼는 것이 아닌, 사랑을 베푸는 순간 나의 만족이 충족되는 것이다. 이것이 모든 종교에서 그리고 현자들이 지난 수천 년간 동일하게 가르쳐온 사랑의 본질이며, 나아가 가장 높은 수준의 행복감에 도달할 수 있는 삶의 비밀이다.

진정한 사랑은 결코 멈추지 않는 관심을 표현하는 것이다. 상대가 아름다워 보일 때나 내게 상대가 필요할 때에만 관심을 보이는 것이 아닌, 말 그대로 상대가 나의 우주가 되어 언제든 나의 관심 밖으로 소외되지 않는 것이다. 에리히 프롬의 표현처럼 꽃을 사랑한다고 말하면서도 꽃에 물을 주는 것을 잊어버리는 사람은 진정으로 그 꽃을 사랑하는 것이 아니다. 관심이란 적극적 의지가 동반되지 않으면 유지될 수 없다. 그리고 의지는 노력의 가장 고귀한 산물이다.

기도하는 마음으로

—

사랑은 신앙과 비슷하다. 신앙은 지속적인 태도이다. 식사 때마다 기도를 하는 것만으로, 또는 주일에 교회를 나간다는 것만으로 신앙인이 되었다고 할 수는 없다. 신앙은 그렇게 일회적인 (비록 그것이 정기적이라도 할지라도) 활동으로 확인될 수 없다. 진정한 불교인이라면 파리 한 마리의 목숨을 빼앗는 일이라 할지라도 함부로 하지 못할 것이다. 그가 아프리카에 있든, 그날이 수요일이든 아니면 그가 독서를 하는 중이든 상관없이 생명에 대한 그의 태도는 일관될 것이다. 사랑도 마찬가지이다. 사랑은 어느 특별한 날 선물이나 꽃을 주는 것으로 확인될 수 있는 것이 아니다. 사랑은 연인의 모든 태도, 그 사소한 모든 행동에서 확인될 수 있는 것이어야 한다. 사랑은 연인의 의지가 나아가는 방향이다. 따라서 진정한 사랑을 하고 있다면, 우리는 어떠한 상황에서든 연인의 선택이나 행동에 대해 자신감을 가질 수 있다. 상대에 대한 그런 확신에서 우리의 사랑은 성장하고 굳어지는 것이다.

사랑을 말함에 있어 가장 순수하고도 완벽한 예는 아마도 자식을 향한 어머니의 사랑일 것이다. 그리스인들이 믿었던 세 가지 사랑 가운데 가장 지고한 사랑, 무조건적으로 주기만 하는 사랑인 '아가페'는 인간관계 중 어머니와 자식의 관계에서 가장 잘 목격될 수 있다. 그 누구도 자식에 대한 어머니의 사랑이 가장 높은 수준의 사랑임을 부정하지 않을 것이며, 그녀가 자식에 대해 품는 감정의 순수성을 의심하지 않을 것이다. 남녀의 관계가 두 사람의 몸이 하나로 합해지는 관계라면, 어머니와 자식의 관계는 그와 반대로 한 사람의 몸에서 두 사람의 몸으로 분리된 모습이다. 그들이 처음부터 하나였던 것을 기억하는 어머니는 자식과 끝까지 하나가 되기를 희망한다. 어머니는 아이를 위해 자신의 모든 것을 준다. 그녀는 자식의 성장과 행복을 위해, 자신에게서 태어난 그 생명을 무한히 긍정하는 태도로 아이를 대한다.

아이는 어머니로부터 그 무조건적 사랑을 받기 위해 스스로 해야 할 것이 아무것도 없다. 그저 존재하기만 하면 그 무한한 사랑의 마땅한 수혜자로서 모든 혜택을 누릴 수 있다. 어머니는 아이를 보호하고, 사랑을 나눠주고, 젖을 주면서 그렇게 아이를 위한 풍요로운 우주로서 존재한다. 아이가 아직 세상을 분별하기 전까지 아이의 우주는 온통 사랑으로 가득 차 있는 것이다. 이것은 아이들뿐 아니라 우리 인간 모두가 꿈꾸는 세상이며, 언젠가 아주 오래전 우리 모두가 경험했던 행복이다. 그리고 어머니 역시 그렇게 자신의 아이에게 사랑을 주는 행위에서 무한한 행복을 경험한다. 그것은 예수가 그리고 부처가 이야기했던 바로 그 사랑이다. 바로 신의 마음이 인간의 몸을 빌려 세상에 모습을 드러내는 행위인 것이다. 그리고 바로 그런 주는 사랑이 진정한 사랑이며 그 속에 최고의 기쁨이 있다. 그렇기 때문에 사랑을 받는 것은 아이이지만, 진정한 수혜자는 사랑을 주는 어머니인 것이다.

사랑은 배울 수 있는 기술이다

—

사랑은 배울 수 있는 것이고, 배울 수 있는 모든 것은 지식과 훈련을 필요로 한다. 우선 가장 큰 지식은 바로 진정한 사랑이란 무엇인가 하는 것을 깨닫는 것이다. 즉 사랑의 원형을 아는 것이다. 우리는 이미 그것을 알고 있다. 이 때문에 우리의 궁극적 목표는 상대의 성장과 행복을 위해 무조건적으로 베풀 수 있는 연인이 되고자 그 배움을 실천하는 것이다.

우리는 상대를 외형만이 아닌 그 영혼을 보려고 노력해야 한다. 우리는 영혼을 가진 몸이 아닌, 몸을 가진 영혼이기 때문이다. 우리가 늘 대하고 관계를 맺고 있는 것은 상대의 껍데기가 아닌 그 영혼이다. 감각적 쾌락은 상대의 몸을 통해 얻어지는 것일지 몰라도, 진정한 결합, 다시 말해 우리가 바라는 사랑은 서로의 영혼을 통해 이루어지기 때문이다. 영혼은 우리 실존의 핵심이다. 진정한 사랑은 상대와 나 각자의 핵심으로부터 서로 연결되는 행위이다. 영혼은 눈이 아닌 마음으로만 볼 수 있다. 마음으로 본다는 것이 무슨 말인가? 어떤 대상에 관심을 집중시키는 것이 마음의 눈을 집중시키는 것이다. 그것은 마음을 온전히 그 대상으로 가득 채우는 경험이다.

인간의 영혼이 바깥으로 비치는 그 맑고 조그만 창, 우리는 하루에 우리가 사랑한다고 믿고 있는 사람들의 눈을 얼마나 들여다보는가? 그들이 말하지 않는 고민이나 슬픔 그리고 갈망에 대해 우리는 얼마나 관심을 기울이고 있는가? 영혼은 감정의 언어로 자신을 표현한다. 하지만 우리는,

특히 남자들의 경우 좀처럼 감정을 말로 표현하지 않는다. 때로는 그것을 어떻게 표현해야 할지 몰라서이기도 하고, 때로는 상대가 그것을 이해하지 못할까 봐 두려워하기 때문이기도 하다. 입으로 말하지 않은 상대의 이야기를 들을 수 있는 방법은 오직 온전한 관심과 관찰뿐이다. 따라서 진정한 사랑, 더 행복한 사랑을 위한 첫걸음은 상대에게 더 좋은 것을 '더 많이 베풀어줄 수 있도록' 진지하고 지속적인 관심을 가지는 것이다. 이미 그것을 하는 것만으로도 우리는 높은 수준의 사랑을 실천하고 있는 것이며, 아마도 관계의 깊이는 즉시 변하기 시작할 것이다.

아리스토텔레스가 이야기했듯 용기 있는 사람이란 용기라는 덕목을 가지고 있는 사람이 아닌, 늘 용기 있는 선택과 행동을 지속적으로 하는 사람이다. 용기는 획득해서 가지는 것이 아닌 태도이기 때문이며, 이는 사랑도 마찬가지이다. 사랑은 가질 수 있는 것이 아닌, 행동을 통해 드러나는 것이다. 따라서 사랑할 줄 아는 사람이 된다는 것은 언제나 자신이 사랑하는 대상에게 마음을 집중하고, 그 사랑을 지속적인 행동으로 증명해 나가는 사람이다.

사랑에 대해 이 짧은 장을 통해 모든 것을 이야기하겠다는 시도는 애초에 무리이다. 하지만 만약 우리가 사랑에 대해 반드시 알아야 할 원칙이 있다면, 그것은 사랑이란 나에게 넘치는 무엇을 타인에게 주는 것이며, 바로 그 행위에서 기쁨을 발견한다는 사실이다. 그리고 바로 그렇게 주는 사랑에서 경험되는 기쁨은 인간이 누릴 수 있는 최고의 행복감이라고 세계의 모든 종교들 그리고 앞서 갔던 여러 현자들은 가르쳐왔다. 그것을 머리로 이해할 수는 없다. 왜냐하면 우린 이미 자본주의적 가치관을 가지고 있기 때문이다. 자본주의에서는 적게 주고 많이 받는 것이 목적이자 미덕이다. 그리고 그런 믿음을 추구해온 결과가 지금 우리가 보고 있는 이 세상이다. 오늘날 진정한 사랑의 흔적은 찾아보기 어렵다. 오직 경쟁과 극도의 개인화에 지쳐버린 지독히도 외로운 영혼들만 있을 뿐이다.

우리는 사랑을 실천으로 경험해봐야 한다. 그런 사랑의 노력을 우리는 다른 어떤 것보다 원해야 한다. 왜냐하면 바로 거기에 우리 인간에게 허락된 가장 높은 수준의 행복이 있기 때문이다. 상대방에게 온전하고 지속적인 관심을 가지려는 노력, 사랑은 평생 배우고 개발해야 하는 기술이라는 깨달음, 받는 것이 아닌 주는 것에 진정한 사랑이 있다는 사실을 경험해보려는 노력, 이 세 가지만 진심을 가지고 실천해본다면 우리는 어쩌면 우리가 매우 훌륭한 연인이라는 사실을 새롭게 발견할 수도 있다. 그러면 기존 믿음과는 다르게 받는 것이 아닌 주는 행위 속에 사랑의 참 행복이 있다는 사실을 깨닫게 될 수도 있다. 또한 우리는 앞으로 평생 더 공부하고 노력해서 온전히 그리고 지속적으로 그 주는 사랑을 유지하여, 자신과 그 대상의 삶이 최고의 행복 속에 머물 수 있게 하고 싶다는 건강하고 따뜻한 열망을 발견하게 될지도 모른다. 만약 그렇게 될 수만 있다면, 철학과 종교 그리고 예술이 우리에게 늘 암시해왔던, 그 최고의 삶으로 들어가는 황금 열쇠를 마침내 손에 쥐게 되는 것이다. 세상에서 그리고 삶에서 가장 중요한 것 그리고 유일하게 의미가 있는 것은 진정한 사랑을 하는 것이다. 삶이란 사랑이 전부이기 때문이다.

가장 안전한 사랑, 우정

사랑의 쌍둥이 자매

—

우정은 사랑과 여러모로 비슷한 점이 많다. 우선 두 단어 모두 너무나 흔하게 그리고 아무렇게나 사용되어온 바람에, 이제는 더 이상 아무도 그 단어들이 진짜로 의미하는 것이 무엇인지 잘 모른다는 점이다. 또 그래서 진정한 의미에서의 사랑과 우정은 둘 다 삶에서 가장 드물게 발견되는 것들이라는 점이다. 아인슈타인의 견해를 빌리자면, 우리 삶에서 진정한 우정은 진정한 사랑보다도 더 드물다. 그리고 우정 역시 사랑처럼 우리가 행복한 삶을 살아가기 위해서는 마치 피처럼, 반드시 필요한 행복의 핵심 재료이며, 누구든 진지하게 그것을 원한다면 배울 수 있고 노력한다면 가질 수 있다. 그리고 우리는 사랑을 원하듯 마땅히 우정을 원해야 한다. 사랑처럼, 그것에 우리 삶의 커다란 행복이 달려 있기 때문이다.

우리는 친구라는 존재를 통해 우정을 경험한다. 친구는 보통 우리와 태생이나 결혼 또는 법적으로 연결되어 있지는 않지만 가족과도 같은 유대를 맺고 있는 사람들을 뜻한다. 가족은 우리가 선택해서 태어날 수 없지만, 친구는 우리가 선택할 수 있는 가족인 셈이다. 때로는 친구가 가족보다 더 가깝게 느껴지기도 한다. 다시 말하면, 이 세상 그 어떤 사람보다도 더 가깝게 느껴질 수 있는 사람이 바로 친구이다. 사람은 혼자서는 살 수 없다. 우리는 누군가를 통해 늘 우리의 정체성과 세상에서의 우리의 위치를 확인받아야만 하는 정서적 필요를 가지고 있다. 진정한 의미에서의 이런 확인은 오직 친구를 통해서만 가능하다. 따라서 진정한 친구가 없다면 그 어떤 삶도 완전한 삶이 아니라고 할 수 있다. 우정은 철학 같은 것이다. 얼핏 생각할 때, 진정한 우정은 우리의 생존에 반드시 필요한 요소가 아닐 수도 있다는 생각이 들기도 한다. 하지만 우정은 보다 본질적인 차원에서, 우리의 생존이 왜 가치를 가지는지 그 의미를 부여한다. 만약 삶이란 것이 단순히 태어나서 먹고 일하다 그저 죽어 사라지는 것이 전부가 아니라면, 우리는 그 의미를 우정에서 찾아볼 수 있다.

사랑의 경우에도 마찬가지겠지만, 우리는 우정에 대해서 배울 곳이 마땅치 않다. TV와 미디어는 물론, 학교에서조차 우리는 진정한 우정이 무엇인지, 그것이 우리의 삶에 얼마나 소중한 가치를 가지는지에 대해 배우지 못한다. 그렇기에 우정은 분명 우리가 배울 수 있는 기술임에도 불구하고 그저 우연과 감정적 본능, 때로는 서투른 이성적 계산들에 맡겨져 위태롭게 경험된다. 우정은 나이가 들었다고 저절로 알아지는 것도 아니다. 나이가 반드시 지혜를 가져다주는 것은 아니기 때문이다. 또한 우리는 우리보다 나이와 경험이 많은 부모에게서도 우정에 대한 이야기를 충분히 듣지 못한다. 그것은 어쩌면 그들도 잘 알지 못하기 때문이다. 우리가 우정을 배우는 것은 주로 가장 어려운 방법을 통해서이다. 아주 운이 좋은 이들이 아니라면, 우리는 보통 실수나 뼈아픈 경험을 통해 그리고 배신과 실망을 통해 진정한 우정이 무엇인지가 아닌, 어떤 것이 진정한 우정이 아닌지에 대해 먼저 배운다. 그런 경험은 때때로 몹시 고통스럽다. 그리고 어쩌면 다시는 사람을 절대로 믿지 않겠다고 다짐하며 마음의 문을 굳게 닫아버리게 될지도 모른다. 실제로 우정을 나눈다는 것은, 그러니까 다른 이에게 나의 신뢰를 준다는 것은, 그가 깨뜨릴 수 있는 나의 가장 소중한 무엇을 건네주는 것이기 때문이다.

친구란 서로를 잘 알고 또 좋아하는 것은 물론 서로를 믿을 수 있는 사람이다. 내가 완전히 믿을 수 있는 타인을 가진다는 것은 나의 밖에 또 다른 나를 가지게 된다는 뜻이다. 이렇게 둘이 된 '나'를 가지는 것은, 키케로의 그 유명한 (그리고 조금 진부해진) 표현처럼, 삶의 기쁨은 두 배로 늘려주고 슬픔은 반으로 줄여줄 수 있게 된다. 이런 친구를 가지고 있다는 것은 인생에서 가장 소중한 재산을 가지고 있는 것과 마찬가지다. 그런 사람은 행운아이며 진정한 부자이다. 친구는 나에게 도움을 주기도 하지만, 또한 내가 누군가에게 반드시 필요한 사람이라는 행복감을 느끼게 해준다. 이런 만족감은 나의 존재에 가치를 부여해주는 것으로 삶에서도 매우 드물게 발견되는 귀한 행복이다. 내가 누군가에게 매우 중요하고 또 반드시 필요한 사람이라는 행복감은, 가장 높은 차원의 만족감과 가치를 우리 자신에게 부여해주기 때문이다. 친구를 통해 우리는 세상에 없어서는 안 되는 그런 소중한 존재가 되는 것이다.

좋은 날씨 친구들

세상에는 가짜 우정은 흔하고 진짜 우정은 사랑만큼 드물다. 가짜 우정은 이른바 '좋은 날씨 우정'이라고 불러도 될 것 같다. 다시 말하면, 우리에게 모든 것이 풍요로울 때, 우리 미래의 전망이 밝을 때, 우리가 사람들로부터 환호를 받을 때, 우리가 건강할 때, 우리가 그들에게 도움을 제공할 수 있을 때, 이렇게 우리 삶의 날씨가 좋을 때에만 우리와 함께하길 원하는 사람들이 바로 가짜 우정이다. 그들은 우리를 좋아하고, 때로는 우리에게 필요한 도움을 기꺼이 제공하는 호의를 보이기도 하며, 우리를 위한 희생을 맹세하기도 한다. 그들의 그런 호의와 애정이 모두 거짓이라는 이야기는 아니다. 많은 경우 그들은 진심을 말하고 있다. 단, 그들의 애정과 호의에는 한 가지 단서가 붙는다. 우리 삶의 날씨가 계속 좋아야 한다는 것이다. 그것은 조건적인, 겉으로는 드러나지 않는 은밀한 계산을 거친 우정이다. 그들은 우리를 좋아하고 우리를 위해 희생하고자 맹세하는 것이 아닌, 우리가 상징하는 것, 우리가 가진 것을 향해 그런 마음을 갖는 것이기 때문이다.

만약 우리 삶의 날씨에 변화가 온다면 그들의 태도에도 변화가 올 것이다. 사업이 망하거나, 사고를 당해 더 이상 건강을 유지하기 어려운 상황이 되었을 때, 치명적인 실수로 인해 우리가 세상의 손가락질을 받게 되었을 때, 아니면 우리가 더 이상 그들에게 줄 수 있는 것이 아무것도 없을 때, 그들은 돌연 낯선 이가 된다. 그들은 우리를 떠나 우리가 가졌던 것을 가지고 있는 다른 이들에게 가서 새로운 우정을 약속하거나, 때로는 기꺼이 우리의 적과 손을 잡기도 한다. 반짝이는 모든 것이 금이 아니듯, 우리를 향해 미소 짓는 이들이 모두 친구인 것은 아니다. 물론 이런 '좋은 날씨 친구들'과 우호적인 관계를 유지하는 것이 전혀 불가능한 것은 아니다. 그저 절대로 삶에서 낙오하지 않거나, 실패하지 않거나, 그리고 그들이 좋아하지 않을 만한 자신의 진짜 모습을 드러내지 않기만 하면 된다. 그것은 이미 많은 이들이 하고 있는 게임이다. 그리고 그들은 자신에게는 친구가 아주 많다고 말한다. 나는 부디 그들의 날씨가 계속 좋기만을 바랄 뿐이다.

이런 조건적인 우정은 은행가들이 우리를 대하는 태도와 상당히 유사하다. 그들은 우리가 담보가 될 수 있는 부동산을 소유하고 있거나, 사업이 잘 되고 있을 때에는 필요도 없는 돈을 우리에게 떠안기며, 제발 좀 돈을 더 가져다 쓰라고 우리를 설득한다. 하지만 어쩌다 우리의 사업이 곤경에 처하게 되면, 그들은 마치 비가 올 때 우산을 빼앗아가듯, 돈을 빌려주지 않는 것은 물론 우리가 가지고 있는 것마저 빼앗아가려고 달려든다.

은행가들의 우정이란 담보를 필요로 한 호의다. 우리에게 그들의 호의가 필요 없을 때 그들은 가장 호의적이며, 반대로 그들의 배려가 가장 필요할 때 가장 낯선 이가 된다. 은행이든, 조건적 우정 관계에 놓인 사람들이든 손해를 보려고 하지 않는다. 그들에게 관계의 동기는 자신의 이득이기 때문이다. 따라서 애초부터 이기적인 동기 위에 세워진 우정을 두고 실망이니 배신이니 비난하는 것은 의미 없는 공허한 감상일지도 모른다.

진짜 우정은 은행가들의 공식으로 계산했을 때 분명 자신에게 손해가 예상됨에도 우정을 선택하는 것이다. 그와 같은 리스크는 우정의 무게에 비해 가벼운 것이기 때문이다. 하지만 그런 거래를 손해라고 생각하는 것은 지극히 은행가적인 견해이다. 진짜 친구에게 우정은 돈이나 물질과 같은 세속적인 이득과 손해로써는 계산될 수 없는 소중한 행복의 원천이기 때문이다. 물론 진정한 우정이 무엇인지 모르거나, 그런 것을 경험해보지 못한 이들에게 이런 말은 선뜻 이해하기 어려운 것일 수도 있다. 지고한 우정을 뜻하는 사자성어 중에 '문경지교刎頸之交'라는 말이 있다. 우정을 위해서는 자신의 목을 자를 수도 있다는 의미이다. 세상에는 작은 손해에도 재빨리 서로 등을 돌리는 우정도 있지만, 당사자에게는 목숨까지도 기꺼이 바칠 만한 가치를 지닌 우정도 있는 법이다.

어떤 이들은 세상에 만연한 계산적이고 비정한 관계에 대해 극심한 혐오를 느꼈음에도, 최소한 겉으로 볼 때 그들의 삶은 많은 친구들에게 둘러싸인 행복한 삶처럼 보이기도 한다. 그 대표적인 예가 《잃어버린 시간을 찾아서》라는 작품으로 유명한 마르셀 프루스트이다. 그에게는 친구가 많았다. 전염병 예방의학의 세계적인 권위자이자 상당한 부자였던 아버지가 일찍 사망하며 그에게는 엄청난 재산이 상속되었고, 그 돈으로 그는 《달과 6펜스》의 더크 스트로브처럼, 자신의 친구들에게 아낌없는 호의를 베풀었다. 선천적으로 천식과 피부병 등 다양한 질병을 앓고 있어 정상적인 사회생활이 거의 불가능했었다는 점을 고려할 때, 그에게는 놀라울 정도로 많은 친구들이 있었다. 사람들로부터 호의를 잃게 될까 봐 걱정했던 그는 언제나 많은 돈을 써가며 호의를 베풀었다. 친구들을 위해 그는 자주 리츠칼튼과 같은 파리 최고의 호텔과 레스토랑에서 만찬을 베풀었으며, 항상 음식 값의 두 배를 웨이터의 팁으로 놓고 나왔다. 돈이 필요한 친구들은 언제나 그를 가장 먼저 찾았으며, 프루스트는 그들을 모른 척하지 않았다. 이 때문에, 그가 사망한 후 친구들이 남긴 추모사에는 진정한 우정을 보여주었던 최고의 친구인 프루스트를 위한 아름다운 말들이 시처럼 가득했다.

하지만, 삶의 후반부 언젠가 그가 남긴 한 고백에서 우리는 프루스트가 친구들과 소위 우정을 유지하기 위해 얼마나 힘들어했었는지 알 수 있다. "친교란 얄팍한 노력이다. 본질적이고 소통할 수 없는 우리 자신의 유일한 부분을 피상적인 자아를 위해 희생하도록 만든다. 우리가 결국 혼자일 수밖에 없다는 것을 믿지 않게 하려는 거짓말 이상은 아니다." 그는 진짜 우정 같은 것은 절대 존재할 수 없다고 믿었다. 어쩌면 또 그래서 자신의 주변 사람들과 성공적인 관계를 유지할 수 있었는지도 모른다. 그는 사람들과의 관계에서 호감을 유지하기 위해 많은 노력을 했다. 프루스트는 우선 그들에게 많은 돈을 썼으며, 상대에 대한 자신의 진심을 겉으로 내비쳐 그들의 기분을 상하게 하는 법이 없도록 조심했다. 그는 상대가 좋아할 만한 이야기와 표현을 적당히 자신의 진실한 의견인 것처럼 둔갑시켜 전하는 방법을 택했다. 따라서 프루스트는 평생 자신의 진짜 모습을 알고 있는, 그리고 그가 솔직한 자신의 진짜 마음을 나눌 단 한 명의 타인도 가지지 못했다. 그는 "우정을 경멸하는 자만이 세상에서 가장 좋은 친구가 될 수 있을 것이다"라고 말했다. 프루스트는 누구보다 우정을 경멸했고, 덕분에 단 한 명의 진짜 친구도 없었지만, 수많은 가짜 친구들을 가질 수 있었다. 앞서 살펴본 에피쿠로스 역시 진정한 우정에 대해 이렇게 이야기했다. "우리는 우리의 친구들이 주는 도움이 아닌, 그들이 우리를 도울 것이라는 믿음으로부터 도움을 받는다." 만약 그들이 우리를 도우러 오는 데 있어, 우리가 여전히 부유하거나, 유명하거나, 또는 건강해야 한다는 조건이 붙어야 한다면, 그들의 존재는 우리에게 그리 커다란 위안이 되어주지 못할 것이다.

어린 왕자와 여우처럼

—

나 자신 외에 아무것도 줄 수 없는 상황이 되었을 때, 비로소 우리는 우정에 대해 많은 것을 배울 수 있다. 우리의 재력이나 인기, 사회적 지위 따위가 우리의 가치와 경쟁이 되어 그들로부터 선택되어야 하는 상황이 된다면, 우리는 우정의 무게를 확인할 수 있게 된다. 지금 그들이 우리에게 신뢰를 주고 있거나 또는 친절을 베풀고 있다는 사실은 그 우정의 깊이를 확인하는 데 그리 도움이 되지 않는다. 진짜 우정은 우리가 친구들의 신뢰와 호의를 받을 만한 이유가 사라져버린 이후에도 여전히 그 우정이 유지되는 기적에서만 확인될 수 있기 때문이다. 말로는 서로를 위해 지옥을 다녀올 수도 있다. 하지만 실제로 상대를 위해 지옥을 다녀와야 할 상황이 닥쳤을 때, 그것을 실행하는 것에는 애정이나 호감 따위가 아닌, 냉정한 책임감과 의리가 필요하다. 실패하는 결혼 생활의 대부분이 그들 사이의 애정이 아닌 우정, 즉 의리의 부족 때문인 것도 같은 이치이다. 따라서 우정은 말이나 특정 시점에 가진 감정 상태가 아닌, 행동으로 증명되는 것이며, 이런 행동들이 쌓이며 신뢰를 이룬다.

진짜 우정은 하루아침에, 마치 남녀가 여행지에서 서로 첫눈에 반하듯 우연의 장난으로 생겨날 수 있는 것이 아니다. 그것은 시간과 기술 그리고 노력에 의해서만 획득될 수 있는 것이다. 우정이란 단순히 서로에게 익숙해지는 것이 아닌, 어린 왕자와 여우처럼 서로에 대한 관심과 애정을 통해 약속을 지키는 것으로 서로에 대한 신뢰에 길들여져가는 것이다. 진정한 우정은 분명 이루기 어렵지만, 그 대신 그것을 이룬 후에 잘 관리만 한다면 평생을 따뜻하게, 결코 외롭지 않은 인간으로 살아갈 수 있다.

진짜 우정의 관계가 아닌 다른 모든 우호적, 상호 협조적, 사회적 관계가 중요하지 않다거나 나쁜 관계라고 이야기하는 것은 절대 아니다. 그것은 그 나름대로 분명 편리하고 필요하다. 하지만 그런 관계는 진짜 우정의 가치와는 비교조차 할 수 없는 것이다. 물론 세상은 모든 이가 적과 친구로 명확하게 구분되어 있는 곳이 아니다. 친구라고 여기지 않으면서 충분히 존경할 수 있는 사람도 얼마든지 있으며, 적당히 편리한 거리를 유지하며 서로에게 필요한 도움을 주고받는 관계들도 우리의 사회생활과 생존을 위해서는 반드시 필요하다. 이런 관계 모두 소중히 관리하고 서로 더 유익하고 건강한 관계가 될 수 있도록 노력해야 한다. 단, 이런 관계들과 진정한 우정이 혼동되어서는 곤란하다. 그 구분은 분명히 할 수 있어야 한다. 그래야 진짜 우정을 알아볼 수 있기 때문이다.

우리는 친구를 조심히 사귀어야 한다. 친구는 서로 닮아가기 때문이다. 만약 친구가 유흥과 도박을 가까이 하는 사람이라면, 우리는 곧 유흥을 즐기고 도박을 하게 될 확률이 높다. 반대로 친구가 친절하고 사려 깊고 독서를 즐기는 사람이라면, 그의 그런 고귀한 성품이 곧 나에게서도 발견될 것이다. 그렇기 때문에 우리는 친구를 선택하는 것에 신중해야 한다. 소크라테스도 우정을 시작하는 것은 천천히 그리고 신중하게 하되, 일단 그것이 시작되었다면 최선을 다해서 지키라고 말한 바 있다.

특히 어릴 때 우리는 너무 쉽게 영원한 우정을 맹세하기도 한다. 그 맹세에는 분명 진심이 담겨 있었겠지만, 진정한 우정이 얼마나 지키기 어려운 것인지에 대한 지혜는 담겨 있지 않기 때문에, 그런 맹세가 성인이 될 때까지 이어지는 경우는 많지 않다. 하지만 만약 어릴 때부터 시작된 우정이 성인이 되어서도 여전히 유지되고 있고, 그동안 진정한 우정에 부끄럽지 않는 서로에 대한 신뢰가 쌓여왔다면 그들은 진정 축복받은 이들이다. 단 한 명이라도 진정한 친구를 가지고 있는 사람은 단 한 명도 그런 친구를 가지고 있지 않은 사람과 불과 한 명의 친구 차이가 아닌, 온 우주만큼의 커다란 차이가 있는 것이며, 그 둘은 완전히 다른 삶을 살고 있는 것이기 때문이다.

우선 이런 진정한 친구는 우리의 가장 근본적인 고통이자 두려움인 외로움에 대한 가장 확실한 방편이 되어준다. 일반적으로 우리의 외로움을 일차적으로 위로해주는 이들은 가족이다. 하지만 오늘날처럼 핵가족이 늘어나고, 가족 내에서도 개인화가 일어나며, 서로가 서로에 대해 관심이나 시간을 내주는 것에 소홀할 때, 우리에게 필요한 관계의 친밀감을 얻을 수 있는 샘은 바로 친구들이다. 결혼한 어른에게도 이 점은 마찬가지이다. 비록 배우자와 자식이 있다 하더라도 친구의 존재는 여전히 소중하다. 가족 사이에서도 충분히 충족될 수 없는 친밀감을 나누거나, 자신의 속마음을 모두 털어놓을 수 있는 그런 관계는 누구에게나 필요하기 때문이다. 또한 친구는 같은 취미나 취향을 공유하며 평생 동안 서로에게 즐거움의 원천이 되어주기 때문에, 삶이라는 길고도 외로운 여행길에 든든한 동반자가 되어준다. 남녀 간의 사랑은 마땅한 노력이 부족하게 되면 시간과 함께 옅어지고 퇴색될 수 있다. 또한 자식과의 사랑 역시 아이들이 자라며 늘 일관되게 유지되기 어려운 부분이 있다. 이에 반해 우정은, 세월의 힘에 대항해 우리가 누릴 수 있는 가장 믿음직스러우며 안전한 형태의 사랑이다.

몽테뉴가 먼저 죽어버린 자신의 유일한 벗 라 보에티를 향해 "오직 그만이 나의 진정한 초상을 들여다볼 특권을 누렸다"고 한 이야기에는 우정의 중요한 특징이 담겨 있다. 사회인으로서의 연극은 우리를 피곤하게 한다. 하지만 우리는 언제나 무대 위에 있다. 직장에서, 학교에서, 그리고 때로는 가정에서도. 자기 자신으로 온전히 존재하지 못하는 것은 피곤할 뿐만 아니라 너무나도 슬픈 일이다. 그것이 지속되면 우리는 언젠가는 결국 자신이 누군지도 알 수 없게 된다. 그런 이는 행복하기 어렵다. 진짜 친구에게 우리는 아무것도 증명할 것이 없다. 나 자신이 곧 그의 영혼으로 들어가는 통행증이며, 내가 그가 바라는 모든 것이다. 진짜 친구란 그들이 함께할 때 가면을 뒤집어쓴 두 배우가 아닌, 두 영혼으로 서로를 마주보고 있는 사람들이다. 그것은 두 존재의 가장 깊은 중심부로부터 서로 연결되는 경험이다. 그런 경험은 사랑을 제외하고는, 다른 무엇에도 비교할 수 없는 삶의 소중한 행복이다. 그렇기 때문에 진짜 친구는 나를 완전한 나로 존재할 수 있게 하는 신이 보내준 허가증 같은 것이다.

영웅에게 친구가 필요한 이유

진정한 우정이 주는 가장 큰 혜택 가운데 하나는 바로 우리로 하여금 삶을 향해 도전할 수 있는 용기를 준다는 점이다. 아무리 낙관적인 사람이라도 어느 정도 세상을 살아보았다면, 삶이란 고난과 도전의 연속이라는 사실에 동의할 것이다. 그리고 세상을 충분히 살아본 사람이라면 고난이 언제나 나쁜 것만은 아니라는 사실도 알고 있을 것이다. 고난은, 비록 그것을 견디고 뚫고 지나가야 하는 동안에는 고통스럽고 힘이 들지만, 우리는 고난을 통해 성장한다. 삶의 모서리 모서리마다 갖가지 장애물을 준비해놓은 신의 의도를 정확히 확인할 길은 없지만, 장애물이 나타날 때에만 우리가 비로소 깊은 생각을 시작하게 된다는 것만은 분명하다. 자동차가 문제없이 잘 굴러가는데 굳이 자동차의 기능이나 원리에 대해 궁금해하지 않는 것과 같은 이치이다. 저항을 통해 근육이 자라듯, 고난은 우리가 그만큼 더 지혜로운 사람으로 거듭나게 해준다.

하지만 이런 사실을 알고 있는 이들조차도 그들 앞에 장애물이 나타나면 도망칠까 아니면 용기를 내어 도전할까 고민하게 된다. 도망치는 자들은 삶의 다른 곳에서 또 다른 형태의 같은 장애물을 반드시 다시 만나게 될 것이다. 반면 용기를 내어 도전한 이들은 비록 고난을 겪게 되겠지만, 마침내 그 고난의 터널을 빠져나올 때에는 그들은 이미 다른 사람이 되어 있을 것이다. 기꺼이 용기를 내어 모험을 받아들인 이들에게 주어지는 경험은, 종종 그들의 삶을 송두리째 바꾸어놓는 소중한 지혜와 힘이 되어주기도 한다. 하지만 그럼에도 불구하고 모험을 향해 첫발을 내딛는 것은 쉽지 않은 일이다. 이때, 친구가 우리를 돕기 위해 그림 안으로 들어온다. 그는 우리의 손을 잡고 함께 그 길을 걷고자 한다. 사실 우리가 모험을 두려워하는 이유는 그 모험의 크기보다도, 우리가 혼자 그것을 감당해야 한다는 두려움 때문이다. 친구는 비가 오는 날 우리에게 우산을 씌워주는 사람이 아닌, 기꺼이 함께 비를 맞아주는 사람이다. 친구라는 존재로 인해 우리는 어떤 모험이든 대면할 수 있는 용기를 얻게 된다. 우리는 그들의 격려와 지원에서 힘을 얻어 불안과 두려움으로 가득한 모험을 향해 마치 영웅처럼 힘차게 걸어나갈 수 있다. 그래서 어떤 면에서 친구란 우리를 삶의 영웅으로 만들어주는 마법사와도 같은 존재이다.

우리는 모두 이런 진짜 친구를 원하고 또 필요로 한다. 그렇다면, 어떻게 하면 이런 친구를 가질 수 있을까? 사실 그 비밀은 직관적이고 단순하다. 진정한 친구를 가지기 위해서는 우선 자기 자신이 상대를 위한 진정한 친구가 되어주어야 한다. 그것이 친구를 만들 수 있는 유일한 방법이기 때문이다. 우리는 '이런 친구를 원한다' 또는 '저런 친구가 있었으면 좋겠다' 하며 우리가 친구로부터 무엇을 원하는지에 대해서만 이야기한다.

성서에 나오는 황금률, 즉 "남에게 대접을 받고자 하는 대로 너희도 남을 대접하라"는 연인 관계에서, 그리고 친구 관계를 포함한 모든 인간관계에 있어서도 그 뿌리가 되는 기본 진리이다. 자신이 바라는 이상적인 친구의 모습이 있다면 아마 그것은 다른 사람들이 꿈꾸는 이상적인 친구의 모습과 많이 유사할 것이다. 타인을 향한 인간의 근본적인 필요는 사실 모두 비슷하기 때문이다. 그래서 우선 나부터 진솔하여 믿을 수 있고, 신중하여 의지할 수 있으며, 유쾌하여 늘 힘을 얻을 수 있는 사람이 되도록 노력해야 한다. 다른 이에게 먼저 그런 친구가 되고자 노력한다면 우리 삶에서는 기분 좋은 일들이 일어나기 시작할 것이다. 진정한 우정은 나 자신으로부터 시작된다. 돌아올 것을 계산하지 말고 다른 무엇보다 자신의 영혼을 주는 것, 그것은 우리들의 삶으로 진짜 우정을 불러들일 것이다.

고대의 사치,
명상

당장 행복해질 수 있는 방법

요가^{yoga}라는 단어는 본래 '묶다'라는 뜻을 가진 산스크리트어 yuj에 뿌리
를 두고 있다. 다시 말하면 요가는 궁극적으로 인간의 근원, 즉 신과 다시
결합되기 위한 수행법이다. 따라서 요가는 단순한 건강 수행법이 아닌 종
교적 목적을 가진 신앙 행위이다. 요가의 핵심은 명상이다. 따라서 명상
은 그 궁극적 목적을 이루기 위해 개발된 가장 완성된 형태의 수행법이
다. 서양에서는 명상을 meditation이라고 부른다. 이것은 인도나 기타 동
양 문화에서 명상이 의미하는 것보다는 다소 제한적인 의미에서 '깊게 생
각하다' 정도의 의미로 풀이된다. Meditation이라는 단어의 어원은 '약'

을 뜻하는 단어인 medicine과 같다. 다시 말해 서양에서는 적어도 최근까지 명상이 정신적 힐링이나 치유 정도의 의미로 이해되어왔으나, 실제 명상의 효과와 목적은 그 이상이다.

참고로 우리가 잘 알고 있듯이 부처는 오직 명상만으로 깨달음을 얻어 열반에 들었다. 예수 또한, 역사에 그의 행보가 본격적으로 기록되기 전에 '엣센교 Essence'라고 불리는 신비주의 명상 수도 집단의 수행자이자 교사로서 활동한 적이 있다. 고대 그리스의 대표적인 철학자이자 수학자였던 피타고라스는 서양의 모든 신비주의 종교의 시초이기도 하다. 그는 그리스에서 본격적으로 활동을 펼치기 전에 이집트로 건너가 명상 훈련을 받아 깨달음을 얻었고, 그로 인해 얻은 지혜를 그리스로 가져와 전파하였다. 따라서 분명 명상이 심신을 안정시켜주고 집중력을 높여주는 등 실용적인 방편인 것은 사실이지만, 우리는 명상이 그보다 훨씬 더 심오한 가치와 혜택을 제공할 수 있다는 점에 관심을 가질 필요가 있다.

철학이 삶에 대한 지혜를 제공한다면, 종교는 인간이 가야 할 길을 알려준다. 명상은 그 두 가지가 우리를 위해 가장 단순한 형태로 완성된 최고의 실천법이다. 명상은 오직 명상만을 통해 발견될 수 있는 궁극의 행복감을 제공한다. 그것을 다른 방법으로 얻을 수 있는 길은 독실한 신앙 활동뿐이다. 그 때문에 사실 모든 종교 활동은 결국 명상 활동이라고도 볼 수 있다. 신을 알고 자신의 근원과 다시 결합하기 위한 노력이 바로 종교적 삶이자 명상이기 때문이다. 명상은 그 하나의 목적을 위해 우리 인간이 가장 오랫동안 개발해온 방법이다. 그리고 그 방법은 이미 수천 년 전 인도인에 의해 이제 더 이상 더할 것도 그리고 뺄 것도 없을 정도로 완벽한 형태로 완성되었다.

아무것도 부족하지 않은 마음

—

우선 우리가 아는 명상의 모습을 떠올려보자. 단정한 승복을 차려입은 이가 고요한 산사의 기도방 안에 가부좌를 하고 앉아, 반쯤 감은 눈으로 초점 없이 허공을 응시한 채 석상이라도 된 듯 소리 없이 앉아 있다. 그 모습을 보면 마치 아무 일도 일어나지 않는 것처럼 보인다. 그리고 외부에서 보았을 때, 실제로 그렇다. 하지만 그의 내면에서는 많은 일이 벌어지고 있다. 그의 내면은, 그러니까 그의 마음은 우리의 마음과 다르다. 그것은 고요하다. 그의 마음이 고요하다는 것이 별 대수롭지 않게 생각될 수도 있다. 하지만 그것은 우리가 자신의 마음을 한 번도 제대로 들여다본 적이 없기 때문에 드는 생각이다. 우리의 마음은 절대 고요하지 못하다. 마음의 고요는 우리가 성취할 수 있는 가장 높은 수준의 평화다. 그것은 엄청난 금액의 복권에 당첨되었을 때 느낄 수 있는 쾌감과도 비교조차 될 수 없는 가장 행복한 마음의 상태이다. 복권에 당첨되는 것은 돈을 원하는 마음이 충족되는 것이지만, 명상을 통해 성취되는 이 완전한 고요는 돈이든 무엇이든, 애초에 바라는 그 마음 자체가 존재하지 않는 마음이기 때문이다. 아무것도 바라지 않는 마음, 그것이 주는 평화로움과 만족감. 그것이 명상의 최고 경지인 삼매의 경험이다.

삼매는 산스크리트어로 사마디히 samadhi 라고 부른다. Sam은 '정', 즉 세상의 올바른 본래 모습을 뜻하고, adhi는 '가지다'라는 뜻이다. 즉, 부처가 그러했듯이 명상을 통해 세상의 올바른 모습을 비로소 볼 수 있게 된 상태를 뜻한다. 깊은 명상에 빠져 있는 사람을 보면 마치 그들이 앉은 채 잠에 빠져 있는 것처럼 보이기도 한다. 하지만 실상은 그와는 반대이다. 세상의 본래 모습은 욕망으로 인한 갈증도, 결핍도 또 고통도 없는 완전히 행복한 상태이며, 삼매란 그런 세상의 실제 모습을 깨닫고 그 안에서 지고한 행복을 경험하는 것이다.

명상 시 그들의 정신은 '투리야 turiya' 라고 불리는 제4의 정신 상태, 즉 극도의 고요와 각성이 공존하는 상태에 있다. 그들의 의식은 우리가 흔히 깨어 있다고 부르는 의식 상태보다도 훨씬 더 또렷하게 대상을 포착하고 인식할 수 있다. 같은 것을 보아도 더 많이 보고, 더 많이 경험할 수 있는 것이다. 삼매는 세상을 있는 그대로의 모습으로 볼 수 있는 상태이다. 그러기 위해서는 의식이 완전히 깨어나야 한다. 왜냐하면 소로가 지적한 것처럼, 우리 일반인들은 모두 깨어 있을 때조차 마치 잠을 자고 있는 것처럼 몽롱한 상태의 의식을 가지고 있기 때문이다. 물론 스스로는 아니라고 생각하겠지만, 우리 의식이 깨어 있는 수준은 애처로울 정도이다. 우리는 모두 삶이라는 여행길에 올라 있는 나그네들이다. 마치 눈뜬장님처럼 고통의 황야를 헤매지 않고 무사히 행복의 목적지로 향하기 위해서 우리는, 깨어 있어야 한다.

인간의 모든 행복도 마음의 영역에서 경험되는 것이며 고통 역시 마찬가지이다. 이 때문에 명상의 본고장 인도에서는 무려 지난 5,000년이 넘는 시간 동안 마음에 대해 공부해왔다. 하지만 아이러니하게도, 정작 마음에 대한 학문인 심리학은 서양에서 꽃을 피웠다. 동양에서는 프로이트나 카를 융, 또는 아들러와 같은 심리학자들이 출현하지 않았다. 붓다 역시 프로이트가 밝혀낸 의식과 무의식 그리고 초의식에 대해서 이미 2,500년 전에 파악하고 설파한 바 있다. 하지만 여전히 인도에서는 심리학이 발전하지 않았다. 그 이유는 이렇다. 서양인들은 그 방에 대해 연구하고 그 고통의 상태를 이리저리 개선시키고자 심리학을 발전시켰다. 하지만 인도인들은 명상을 통해 우리가 그 방에서 나올 수 있다는 사실을 발견했다. 그들은 우리가 언제든지 그 방에서 벗어날 수 있다는 사실을 알고 있었기 때문에 굳이 거추장스러운 심리학까지 개발해가며 방을 꾸미고 개선시키는 것에 관심을 두지 않았던 것이다. 게다가 심리학은 주로 해석의 도구일 뿐, 많은 경우 고통의 문제를 근본적으로 해결하는 데 그리 큰 도움이 되지도 못한다.

플라톤의 《국가》에 보면, 빛(진리)이 들어오지 않는 어두운 동굴 속에 갇혀 있던 죄수 가운데 한 명이 그곳을 탈출하여 동굴 밖으로 나와 비로소 처음으로 세상의 빛을 경험하는 이야기가 등장한다. 다시 말하면 탈출한 그 죄수는 철학을 통해 빛을 볼 수 있게 되어 동굴(무지)을 벗어나게 된 철학자이다. 그동안 자신이 무지의 동굴 속에 갇혀 있었음을 깨달은 그는 동료들에게 그 소식을 알리기 위해 다시 동굴로 들어간다. 마찬가지로, 명상을 통해 마음의 방에서 밖으로 나온다는 것은, 마음을 잃는다는 뜻이 아니다. 그저 우리의 세계가 그 좁고 혼란스러운 방이 아닌, 그 방 밖에 더 넓고 찬란한 세계가 있다는 사실을 깨닫는 것뿐이다. 방에서 나오는 방법을 깨달은 이는 언제라도 다시 방 안으로 되돌아갈 수 있으며, 원할 땐 언제든 다시 나올 수 있다. 잃는 것은 오직 무지밖에 없다. 그저 자신의 세계에 대한 완전한 통제권을 깨닫고 그것을 소유하게 되는 것뿐이다. 그런 사실을 깨달은 이에게 마음이란 더 이상 감옥도 동굴도 아닌, 지극한 행복을 채울 수 있는 아주 훌륭한 도구가 된다.

앉아서 하는 명상

대표적인 명상 자세는 이렇다. 결가부좌는 오른쪽 발등을 왼쪽 넓적다리 위에 올리고, 다시 왼쪽 발등을 오른쪽 넓적다리 위에 엇갈려 올리는 자세로서, 올바르게 했을 때 양 발바닥은 양쪽 넓적다리 위에 올려져 하늘을 향해 놓이게 된다. 결가부좌는 밸런스가 최적의 상태로 잡혀지며 기의 순환 역시 가장 잘되는 자세로 알려져 있다. 하지만 결가부좌는 상당한 유연함을 요구하기 때문에 초보자의 경우 쉽게 통증을 느끼게 된다. 이때에는 그것의 변형인 반가부좌를 하면 된다. 반가부좌는 먼저 왼발의 발뒤꿈치를 가랑이 사이에 위치한 후, 오른발을 손으로 잡고 발바닥이 하늘을 향할 수 있도록 왼쪽 장딴지 위에 올리는 자세이다. 처음에는 반가부좌를, 그리고 점차 자세에 익숙해지고 유연함이 늘게 되면 그때 결가부좌로 옮겨가는 것이 바람직하다.

척추의 자세를 바로잡는 것은 매우 중요하다. 척추는 우리 몸의 에너지 원이라고 알려져 있는 차크라들이 위치한 줄기로서 기가 지나다니는 통로이기 때문에 곧고 바르게 세워주어야 한다. 척추가 올바르게 자리를 잡으면 몸의 중심이 자연스럽게 단전으로 떨어지게 되어 가장 안정적인 밸런스를 이루기 때문이다. 따라서 우선 결가부좌 또는 반가부좌로 자리를 잡은 다음, 허리를 곧게 세운다. 그다음 온몸에서, 특히 어깻죽지와 팔에 힘을 빼고 아래로 늘어뜨리며 최대한 편안함을 느껴보도록 한다. 척추 가장 아랫부분부터 시작하여 골반을 좌우로 조금씩 움직임으로써 편안하면서도 정확한 자세가 잡히도록 한다. 그렇게 척추의 가장 아랫부분이 자리를 잡으면 같은 방식으로 척추를 타고 올라오며 조금씩 몸을 좌우로 조정하면서, 마치 뼈를 조립하듯 척추 전체가 편안하면서도 곧게 기립할 수 있도록 한다. 이렇게 다리의 자세를 잡는 것부터 척추까지 모두 바르게 자세를 잡고 나면, 몸이 편안하면서도 안정적으로 밸런스가 잡힌 것을 느낄 수 있다. 선가의 스승들은 잘 취해진 좌선 명상 자세의 느낌을 거대한 산에 비유하여 표현하곤 한다.

몸은 신성한 것이다. 아무리 정신세계가 중요하다고 해도 그것은 몸을 빌려 이 세계에 존재한다. 다시 말하면 몸은 우리 안에 신이 기거하는 사원인 것이다. 이 때문에 명상을 준비하여 바르게 자세를 잡는 것은 정성껏 사원을 세우고 내 안에 신을 만날 준비를 하는 것과 같다. 우리의 몸과 마음은 연결되어 있다. 자세가 바르고 단정하면 마음도 바르고 단정해진다. 자신의 몸을 신성한 사원이라고 생각하라. 왜냐하면 실제로 그렇기 때문이다. 명상을 준비할 때 그 어떤 것보다도 우선 자세가 바르고 단정할 수 있도록 해야 한다. 사실 이처럼 몸을 바르게 유지하는 것은 우리 삶의 모든 영역에서, 공부든 독서든 아니면 대화든, 우리가 무엇을 하려고 하든 동일하게 적용될 수 있는 소중한 지혜이다.

역사상 가장 위대한 명상법

이제 명상의 가장 중요한 부분, 바로 호흡이다. 인도에서는 호흡을 프라나prana라는 신성한 이름으로 부른다. 그것은 생명력과 활동력의 의미를 모두 포함하고 있는 위대한 단어이다. 다시 말하면 호흡은 '움직이는 생명력' 그 자체를 말한다.

들이쉬는 숨, 즉 프라나는 우주에 가득 차 있는 생명의 에너지다. 숨을 들이마실 때 우리는 생명을 받아들이는 것이며, 다시 태어나는 것이다. 반대로 우리가 숨을 내쉴 때에는 작은 죽음을 경험하는 것이다. 하지만 다시 우주로부터 프라나가 숨을 통해 들어오기 때문에 우리는 다시 태어난다. 그렇게 우리는 탄생과 죽음을 반복하고 있다. 신의 가장 위대한 마법이 생명을 탄생시키고 다시 죽음으로 그것을 되가져가는 것이라면, 우리 역시 호흡을 통해 우리 자신을 대상으로 매 순간 신의 재주인 탄생과 죽음의 마법을 부리고 있는 것이다.

붓다는 호흡법 하나로 깨달음을 얻었다. 오직 호흡법 하나로 깨달음을 얻었다. 붓다가 득도하기 전에도 이미 인도에서는 호흡법이 널리 수행되고 있었지만, 붓다 이후 그를 깨달음에 이르게 한 이 호흡법은 '아나빠나 사티^{anapanasati}'라는 이름을 얻고 불교의 수행법이 되었다. 'ana'는 '들숨'을, 'pana'는 '날숨'을, 그리고 'sati'는 '알아차림'을 뜻한다. 다시 강조하지만, 붓다는 오직 호흡에 의식을 집중하는 이 명상법 하나만으로 완전한 행복에 도달했다. 그만큼 이 호흡 명상법은 단순하지만 필요한 모든 것을 담고 있는 완전한 명상법이다.

호흡은 가슴이 아닌 배로 하는 것이다. 배꼽 아래에 단전이라는 곳이 있다. 단전은 우리 생명의 중심축이다. 아기는 태어나기 전에는 호흡을 하지 않는다. 배꼽에 연결된 탯줄을 통해 프라나를 제공받기 때문이다. 하지만 탄생과 함께 아기는 호흡을 시작한다. 아기가 호흡하는 모습을 보면 가슴이 아닌 배로 한다. 아기에게는 아직 마음이 없다. 그것은 백지장에 가깝다. 다시 말하면 우리가 명상을 통해 얻고자 하는 '마음이 없는' 경지에 아기는 이미 존재하고 있는 것이다. 아기는 자신의 중심축에 존재한다. 그리고 아기의 호흡 역시 그 중심축을 통해 프라나를 받아들인다. 하지만 아기가 자라면서 점점 그의 마음이 자리를 잡아감에 따라, 아기의 호흡은 위로, 가슴으로 올라온다. 깊은 잠을 잘 때 지켜보면 우리는 무의식적으로 배로 호흡을 한다. 그것은 마음이 정지된 상태이고 우리가 중심축에 닿아 있는 상태이기 때문에 자연스럽게 배로 호흡을 하는 것이다. 하지만 우리가 깨어나고 다시 불안과 흥분과 걱정과 욕망과 쾌감이 뒤섞인 하루가 시작되는 순간, 이미 호흡은 가슴 위까지 올라와 있다. 만약 우리가 누구와 언쟁을 하고 있거나 몹시 화가 나 있을 때라면 우리의 호흡은 가장 높은 곳, 바로 턱밑에까지 올라와 있다. 호흡이 위로 올라오는 것은 좋지 않다. 가슴으로 하는 호흡은 깊지 못하며 급하고 빠르다. 가장 자연스럽고 또 그래서 가장 이로운 호흡은 배로 하는 깊고 느린 호흡이다. 굳이 명상을 할 때가 아니더라도 평상시에도 이 점을 의식하며 배로 깊은 호흡을 할 수 있도록 습관을 들이는 것이 좋다. 그러면 마음이 편해지고 머리가 맑아진다. 왜냐하면 그렇게 의식적으로 깊고 천천히 호흡을 하는 행위 자체가 바로 명상이기 때문이다.

명상을 시작하며 우선 호흡을 가다듬는다. 호흡에 마음을 집중한다. 들어오는 숨과 나가는 숨을 한순간도 놓치지 않고 관찰한다. 자신의 마음을 호흡에다 연결한다고 상상해보는 것이다. 따라서 숨이 코를 통해 들어오고 다시 가슴을 거쳐 배로 들어갔다가, 잠시 배를 팽창시킨 후 다시 가슴을 거쳐 코를 통해 나오는 그 경로를 따라가 본다. 호흡은 입과 코가 아닌, 오로지 코로만 한다. 숨이 들어오며 느껴지는 몸의 모든 감각을 느껴본다. 예를 들면 숨을 들이 마실 때, 코를 통해 들어가는 공기의 흐름과 소리 그리고 순간의 온도 변화 등 그 호흡에 대해 오감으로 느낄 수 있는 모든 감각을 의식해본다. 숨이 배로 내려간 후 부풀어오는 배의 느낌도 느껴본다. 숨이 나갈 때 부풀었던 배가 가라앉으며 느껴지는 변화도 알아채도록 해본다.

우리는 오로지 오감을 통해서만 어떤 대상을 인식할 수 있다. 이 때문에 호흡에 집중을 한다는 것은, 그 호흡이 만드는 모든 감각적 정보에 마음을 집중한다는 것과 같은 말이다. 명상이 어떤 대상에 집중하는 것이라면, 우리는 지금 호흡이라는 대상에 집중하고 있는 것이다. 호흡은 최고의 집중 대상이다. 왜냐하면 그것은 신성한 대상임인 동시에, 이 세상에는 같은 호흡이 단 하나도 없기 때문이다. 어떤 호흡은 굵고 또 어떤 호흡은 가늘다. 어떤 호흡은 무겁고 또 어떤 호흡은 가볍다. 긴 것도 있고 짧은 것도 있으며, 또 어떤 것은 갑자기 특별한 편안함을 주는 것도 있고, 들이쉬는 순간 알 수 없는 행복감이 느껴지는 호흡도 있다. 각각의 호흡은 마치 각자 생명이 있는 것처럼 자기만의 특성이 있다. 그것을 알아채는 것은 호흡에 집중하는 명상의 또 다른 묘미이다.

호흡은 일정하게 한다. 들숨과 날숨을 같은 길이로 할 수도 있지만 제일 좋은 방법은 들숨보다 날숨을 길게 하는 것이다. 그리고 가급적 호흡은 느리고 길게 그리고 깊게 하는 것이 좋다. 이렇게 자신의 호흡을 일정하게 유지하고 또 그 들숨과 날숨의 길이를 조절하려고 의식하는 동안 이미 우리의 신체에는 많은 변화가 생긴다. 명상을 시작하기 전에는 느낄 수 없었던 편안함과, 오로지 호흡에만 집중하며 맑아진 정신과 또렷해진 집중력을 발견하게 될 것이다. 이런 변화를 인식하는 데에는 몇 분도 채 걸리지 않는다. 멈추지 말고 계속 하면 더 깊고 지극한 평화와 안락감을 경험할 수 있다.

호흡에 집중하며 유의할 점은, 비록 초반에는 호흡을 의식적으로 조절하려고 노력해야 하지만 곧 의식의 개입 없이 가장 자연스럽게 호흡을 해야 한다는 점이다. 조금 추상적인 표현이기는 하지만, '노력하지 않는 노력'의 태도로 호흡을 조절하고 그저 따라가며 지켜보는 것이다. 노력이 개입되면 그것은 마음이 개입되고 있다는 뜻이기 때문에, 명상의 목적을 이루는 데 방해가 되기 때문이다. 따라서 호흡을 관찰하되 판단하지 말고, 조절하되 노력하지 말도록 해야 한다. 그저 호흡과 함께 존재하라. 호흡을 따라가라. 자신이 호흡 그 자체가 되어 그것보다 앞서지도 말고 뒤처지지도 말고 호흡과 함께 움직이는 것이다. 호흡이 코를 통해 들어온 순간부터 그것이 다시 밖으로 나갈 때까지 절대 그것을 놓치지 말고 따라가 본다. 그것은 생각만큼 쉽지 않은 도전이기도 하지만, 만약 그것에 성공할 경우 경험되는 만족감과 행복감 역시 생각보다 매우 크고 특별한 것임을 깨닫게 된다.

호흡을 하는 동안 그 어떤 것도 느끼려고 조바심을 가져서는 안 된다. 아무런 목적도 없다고 생각하라. 특별히 편안함을 느끼겠다는 목적도, 어떤 몸의 변화를 이루어내겠다는 목적도 가지지 않아야 한다. 그저 자연스럽게 그리고 고요하게 호흡하는 것, 그 자체가 이미 목적이자 수행이 되어야 한다. 그렇게 아무런 목적도 가지지 않은 채 호흡에만, 오직 호흡에만 집중하다 보면 크든 작든 물아일체의 경험이 곧 찾아온다. 다시 말해, 내가 호흡을 관찰하는 경험에서, 내가 호흡 그 자체가 되어버리는 것이다. 우리가 온전히 그 경험 안에 존재하는 동안 마음은 아무런 소리를 내지 않는다. 마음의 잡음이 사라진, 그저 그 지극한 고요함이 주는 평화와 편안함만이 존재한다. 이때 명상자의 의식은 그 어느 때보다 또렷하다. 그는 그 어느 때보다 깨어 있는 것이다. 이런 깨어 있음의 경험은 비록 짧은 순간 경험하더라도 머리를 아주 가볍고 맑게 해주며 영적인 성장을 이끌어낸다.

이처럼 가장 편안한 자세로 앉아 오로지 호흡 한 가지에만 집중하는 것은 언뜻 보기에 너무 단순하게 보일 수도 있다. 하지만 이것이 모든 명상의 본질이고 핵심이다. 여기에는 더 뺄 것도, 더 덧붙일 것도 없다. 이 자체로 이미 완벽한 명상법이다. 다시 이야기하지만 붓다는 오직 이 호흡법 하나로 깨달음을 얻었다(나는 내가 이 이야기를 벌써 네 번이나 하고 있다는 사실을 잘 알고 있다).

아주 가까이에 있는 행복

이 장의 서두에서도 밝혔듯이 명상은 어떤 지식을 얻으려는 것이 아닌, 지극한 행복을 경험하기 위한 기술이다. 그 경험이란 인간이라면 누구나 원하고 있는 평온함, 자신감, 존재감, 평화 그리고 행복으로 채워져 있는 경험을 말한다. 그것이 우리의 본래 상태이다. 하지만 우리가 사회를 이루고 함께 그리고 서로 다양하면서도 복잡한 이해관계에 얽혀 살아가며, 우리는 그런 평화로운 모습을 잃고 점점 더 공격적이고 노이로제에 시달리는 신경증 환자들처럼 되어버렸다.

요즘 개개인을 표현하는 단어로 자주 사용되는 '퍼스널리티personality'는 '가면'을 뜻하는 단어인 'persona'와 어원이 같다. 오늘날 사회가 강조하고 있는 개성은 사실 우리의 본모습이 아닌, 사회인으로서 우리에게 어울리는 가면을 쓴 배우들의 모습을 뜻하는 것이다. 연극을 해야만 하는 배우의 삶은 피곤할 수밖에 없다. 명상은 우리 본연의, 그 평화롭고 평온한 모습으로 잠시 돌아가 우리를 재충전시켜주는 가장 훌륭한 방법이다. 마치 어머니의 품으로 돌아가 쉬는 아이처럼 잠시라도, 하루에 10분 또는 5분이라도 잠시 호흡을 고르고 생각의 파도를 잠재우고, 자신의 본성을 느껴보는 경험은 많은 이들이 놓치고 있는 삶의 커다란 사치이다. 명상이 지난 5,000년이 넘는 세월 동안 끈질기게 많은 이들, 특히 행복에 대해 가장 많은 것을 알고 있는 현자들의 삶에서 발견되어왔던 이유를 우리는 생각해볼 필요가 있다. 명상은 마음에게 행복을 선물하는 무언가를 얻으려고 노력하는 대신, 마음 자체를 어루만져 우리가 지금 당장 가장 손쉽게 행복에 도달할 수 있도록 해주기 위해 개발된 소중한 방편이다.

끝으로, 명상의 효과는 지식이 아닌 오직 경험으로만 전달될 수 있는 것이기에 다른 사람들의 경험을 책으로 읽거나 직접 들은 후, 그 효과를 판단하는 것은 옳지 않은 태도이다. 실제 명상으로 누리게 되는 효과는 다른 사람들의 이야기들보다 훨씬 더 깊고 만족스럽다. 그리고 만약 한 번이라도 명상의 참맛을 경험하게 된다면 아마 누가 시키지 않더라도, 심지어 말리더라도 그것을 평생의 친구로 함께 가져가고 싶어 하게 될 것이다. 그 때문에 지금 이 글을 읽고 있는 독자에게 당부하건대, 명상에 대해 알아보고 그것에 대해 미리 짐작하여 판단하기 전에, 이 책에 소개한 부족한 가이드를 따라서 단 한 번이라도 그 변화를 경험해보기를 바란다. 책을 마치며, 당신의 삶이 늘 명상처럼 평화롭고 행복하기를 진심으로 바란다. 왜냐하면, 그런 삶은 때로는 생각보다 아주 가까이에 있기 때문이다.

이 책은 나의 첫 책이다. 나는 기대감과 두려움이 교차된 기분 좋은 떨림으로 이 첫 책을 쓰기 시작했다. 사실 기대감보다는 두려움이 훨씬 더 컸던 것 같다. 책을 쓴다는 것에 대해 아는 것이 아무것도 없었기 때문이며, 나란 사람은 이런 모험을 감행하기엔 너무나도 작은 심장을 가진 소심한 사람이었기 때문이다. 진정한 소심쟁이는 부지런해야 하듯, 나는 이 책을 쓰는 것과 관련된 거의 모든 부분에 대해 조금 지나치다 싶을 정도로 알아본 후에야 펜을 들었다. 지난해 7월 4일 첫 문장을 쓴 것을 시작으로 올해 8월까지 원고를 썼다. 결국 1년이 조금 넘게 걸린 것인데, 내가 애초 계획했던 기간보다 약 두 배가량 소요되어버렸다. 니체는 《차라투스트라는 이렇게 말했다》의 1부를 불과 10일 만에 완성했고, 괴테는 《파우스트》를 60여 년이나 붙들고 있었으니, 한 권의 책을 완성하는 데 필요한 시간을 논하는 것은 어쩌면 의미 없는 일인지도 모른다. 하지만 이 책의 경우,

나의 부주의함 탓에 벌어진 웃지 못할 한 사건 때문에 1년이 넘는 시간이 걸리게 된 것으로, 지금 그 슬픈 이야기를 하려고 한다.

나는 15만 자를 쓰는 것으로 이 책의 분량을 정하고 작업을 시작했다. 지금 생각해보면 내가 왜 그렇게 생각했는지 정확히 기억할 수는 없지만, 아마 당시 알아본 거의 모든 곳에서 그렇게 조언을 해주었던 것 같다. 글을 쓰기 시작한 지 대략 한 달쯤 지날 무렵, 나는 세상의 모든 작가들과 서점을 가득 메우고 있는 그 수많은 책들에 대해 무한한 존경심을 느끼기 시작했다. 매일 정말 열심히 썼건만, 내가 사용하는 워드프로세서 하단에 보일 듯 말 듯 한 작은 숫자로 내가 얼마만큼 썼는지를 알려주던 그 숫자가 정말이지 늘지 않았기 때문이다. 나는 혹시 책 한 권을 쓰는 것을 만만하게 보았던 것은 아닌지 겸손한 마음으로 되돌아보아야만 했다. 책을 한 권 쓴다는 것이 결코 쉬운 일이라고 생각한 적은 없지만, 그렇다고 이 정도로 더디고 어려울 것이라고 생각했던 것 역시 아니었다. 다시 한 달 정도가 지나자 포기하고 싶은 유혹이 밀려들기 시작했다. 슬슬 화가 나기도 했다. 어쩌면 애초에 내가 책을 쓰겠다고 다짐한 것부터가 지나친 욕심에서 비롯된 커다란 실수일지도 모른다는 생각도 들기 시작했다. 아무튼, 그런 식으로 난 매일 정작 글쓰기가 아닌 나를 책상으로부터 떨어뜨려놓으려는 수많은 악마들과 싸우며 정말 간신히 포기하지 않을 수 있었다. 처음 글을 쓰기 시작한 날로부터 약 8개월이 지난 시점, 드디어 나의 목표인 15만이라는 숫자에 도달했다. 난 그때 일찍이 느껴보지 못했던 스스로에 대한 아주 순도 높은 대견함과 진정한 기쁨을 맛보았다.

그 위대한 기쁨은 약 20분 동안 지속되었다. 그리고 나는 당황했다. 왜 지난 8개월 동안은 그걸 몰랐을까? 내가 에피쿠로스와 소로만큼이나 좋아하는 스티브 잡스는 늘 말하지 않았던가. 성공의 비밀은 디테일에 있다고. 나의 재난의 비밀 역시 디테일에 있었다. 지난 8개월 동안 내가 매일 보아왔던 화면 하단의 그 작은 숫자, 분명 '글자 수'였어야 할 그 숫자가, 그때 보니 놀랍게도 '단어 수'라고 써 있었던 것이었다. 물론 아마 처음부터 '단어 수'라고 써 있었을 것이다. 나는 나의 부주의함이 불러온 결과를 계산해보았다. 그러니까 나는 그동안 15만 자가 아닌, 15만 단어를 쓴 것이고, 글자 수로 변환하면 60만 자가 조금 안 되는, 책으로 변환해보면 1,000페이지가량 되는 글을 쓴 것이었다. 나의 가련한 책은, 소처럼 부지런했지만 조금 더 꼼꼼했어야 할 미련한 주인 탓에 원래 목적지보다 무려 700여 페이지나 떨어진 외딴 곳에 불시착해 있었다. 20분 전만 하더라도 나는 책을 다 썼다고 스스로를 대견해하고 있었건만, 이제는 나의 영혼이 낳은 자식과도 같은 이 책의 약 4분의 3을 어떻게 버려야 할지를 두고 고민해야 하는 괴로운 상황에 놓여 있었다. 너무 놀라고 슬퍼서 나는 그때 정신이 조금 나가 있었던 것 같기도 하다. 아무튼 다시 정신을 차리고 작업에 매달렸다. 그리고 다시 5개월, 드디어 지난번 나를 크게 한 번 희롱했던 그 자리에 15만이라는 숫자가 찍혔고(그동안 나는 '단어 수'를 '글자 수'로 변환시켜놓았다), 나는 이번엔 진짜로 원고를 완성했다. 순간, 불가에서 이야기하는 진흙 속에서 피어났다던 어떤 고귀한 꽃의 모습이 떠올랐다.

어쩌면 아무도 관심이 없을지도 모를 나의 멍청한 시행착오에 대한 고백을 이렇게 하는 이유는 단지 내가 고생했던 그 시간들이 너무 억울해서 누군가에게 하소연을 하고 위안을 얻기 위해서는 아니다. 물론 그런 기대가 조금 없지는 않지만, 그 경험을 통해 깨달은 무언가가 있어 그것을 나누려고 하는 것이다.

처음 이 책을 쓰기 시작할 때, 내가 어쩌면 책의 주제를 너무 넓게 잡은 것이 아닌지에 대한 고민이 있었다. 하지만 내가 하고 싶은 모든 이야기를 담기 위해서는 주제를 좁힐 수가 없었기 때문에 고민은 깊어져갔다. 그때, 나의 가족 중 누군가가 그다지 성의 없는 말투로 '더 힘들수록 더 좋은 훈련이 되지 않겠느냐'며 꽤 그럴싸한 조언을 해주었고, 나는 고민에서 해방되어 다시 작업에 집중할 수 있게 되었다. 얼마 전 물어보니 역시 본인은 그런 말을 한 것도 기억하지 못하고 있었다. 하지만 놀랍게도 마치 먹다 남은 비스킷을 길고양이에게 던져주듯 그렇게 성의 없이 내게 주어진 그 조언은 예언이 되어 1년이 지난 후 내게 큰 행복이 되었다. 나의 실수로 작업은 당시 예상했던 것보다 최소한 몇 배는 더 힘든 것이 되었지만, 덕분에 진짜로 그 모든 과정이 내게는 큰 훈련이 되었기 때문이다. 나는 지금 나의 집필 실력이 어느 정도가 되었다고 이야기할 정도로 뻔뻔하거나 무지하지 않다. 나는 여전히 부족함 덩어리 초보 작가이며 아마 매일 꾸준히 노력한다 하더라도 한동안은 그 수준에 머물 수밖에 없을 것이다. 다만, 여기에 일일이 나열할 수는 없지만, 지난 1년 동안 내가 배운 것이 너무나도 많다.

만약 나의 작업이 순조로웠다면 나는 아무것도 배우지 못했을 것이다.

그저 내 이름이 새겨진 책 한 권을 손에 쥐게 되었을 뿐이었을 것이다. 하지만 나의 작업은 마치 로빈슨 크루소가 홀로 무인도에 떨어져 겪었던 것과 같이 힘겹고 낯선 경험이었다. 그러나 매번 하나의 고민, 하나의 장애물, 하나의 실수를 거칠 때마다 소중한 무엇을 배웠고 또 그만큼 조금씩 영리해지고 능숙해졌다. 중간에 포기하지 않았던 내가 고맙고, 또 쉽지 않았던 그 과정들이 난 진심으로 고맙다. 왜냐하면 어떤 상황이든, 그리고 특히 그것이 힘들고 예상치 못한 고생이라면 그것을 헤쳐나가는 과정 속에는 분명 새롭게 배울 수 있는 소중한 것들이 숨어 있을 것이라고 믿게 되었기 때문이다.

원래 에필로그를 이렇게 길게 쓸 생각은 없었는데, 앞에 내 실수 이야기를 너무 장황하게 늘어놓는 바람에 생각보다 꽤 길어지고 있는 것 같다. 하지만 독자 분들은 내가 본래 계획보다 길게 쓰는 데에는 남다른 재주가 있는 사람이라는 것을 이미 알고 있을 테니 이해해줄 것이라 믿는다. 하지만 너무 걱정할 필요는 없다. 본문에서 이야기한 내용을 다시 반복함으로써 나의 고마운 독자들을 지루하게 할 생각은 없으니까 말이다.

혹시 토머스 모어의 《유토피아》를 읽어본 독자들은 알겠지만, 그 작은 나라는 스스로 필요한 모든 것을 넘치도록 자급자족할 수 있기 때문에 전쟁을 대신 치러줄 용병들 외에는 주변 다른 나라들에 의존하는 것이 아무것도 없다. 나라든 사람이든 행복에 필요한 것들을 스스로 제공할 수 있을수록 더 행복할 수 있다. 우리 모두는 이미 유토피아라고 불리는 그 행복한 나라와 같다. 왜냐하면 우리 내면에는 우리를 행복하게 해줄 수 있는 모든 도구들이 이미 갖추어져 있기 때문이다. 이 말에 있어서는 부디 내 말을 믿어주길 바란다. 자신이 가진 도구들의 힘을 깨닫고 그것을 개발하기 위해 부지런히 노력한다면 우리들 모두 행복할 수 있다. 현명한 사람이라면 자신의 행복을 일구기 위해 외부의 무엇에 의존하는 대신 자신이 가진 재능과 도구들의 가치를 개발하고자 노력하는 것이 옳다. 나에게도 그리고 독자 분들에게도 그런 현명함의 축복이 함께하길 바란다.

현명함에 대한 말이 나온 김에, 두 가지만 덧붙이고 싶다. 우선 현명함은 자신이 무엇을 알고 있다고 확신하는 것이 아닌, 오히려 그 반대에 가깝다. 세상에는 자신이 아직 모르고 있는 것이 매우 많다는 사실과, 이미 알고 있다고 믿는 것들 중에 진실이 아닌 것이 있을 수도 있다는 가능성을 인정하는 태도는 커다란 배움의 기회로 이어진다. 그래서 어리석은 자는 언제나 확신하는 반면 현자는 끊임없이 의심한다. 그리고 현명함은 모든 상황에서 긍정적인 면을 보려는 태도이다. 이 세상 그 어떤 상황이나 경험도 완전히 나쁘거나 좋은 것은 없기 때문에, 긍정적인 면을 찾으려는 사람은 반드시 그것을 찾을 수 있다. 다시 말하면 그런 태도를 지닌 현명한 사람에게는, 그가 겪는 모든 상황이 긍정적인 경험이자 소중한 배움과 성장의 기회가 될 수 있는 것이다. 나는 이 책의 독자 분들이 이 두 가지의 현명함도 함께 누릴 수 있기를 바란다.

아, 정말이지 난 하고 싶은 말이 너무나도 많은 것 같다. 글을 쓰기 전까지 나는 내가 이렇게 수다쟁이인 줄은 정말 몰랐다. 누가 말리지 않는다면 이 에필로그도 한없이 쓰고 싶다. 하지만 아무래도 이쯤에서 마무리를 짓는 게 좋을 것 같다.

끝으로, 나의 이 부족한 글이 한 권의 책으로 태어날 수 있는 기회를 주신 '시대의창' 대표님과 편집자에게 진심으로 감사를 드리고 싶다. 또한 웬만한 노처녀 히스테리 못지않은 나의 까탈스러운 투정을 모두 받아주며 나의 첫 책이 탄생할 수 있도록 아낌없는 지원을 해준 세상에서 가장 소중한 나의 가족(우리 강아지 '마루' 포함)에게 그동안 표현하지 못했던 고마움을 전한다. 마지막으로, 정말 가치 있고 근사한 책을 알아볼 줄 아는 최고의 취향을 가진, 그리고 여기 마지막 페이지까지 그 멋진 책을 읽어주신 나의 독자 분들께 마음 깊이 사랑을 담아 진심으로 고맙다는 말을 하고 싶다.

2014년 9월

이바로

참고 문헌

————

- 김상근 지음, 《마키아벨리, 세상에서 가장 위험한 현자》, 21세기북스, 2013년
- 니콜로 마키아벨리 지음, 권기돈 옮김, 《군주론》, 펭귄클래식코리아, 2008년
- 데이나 토마스 지음, 이순주 옮김, 《럭셔리-그 유혹과 사치의 비밀》, 문학수첩, 2008년
- 마이클 화이트 지음, 김우열 옮김, 《평전 마키아벨리》, 자음과모음, 2006년
- C. S. 루이스, 장경철 외 옮김, 《순전한 기독교》, 홍성사, 2001년
- 아르투어 쇼펜하우어 지음, 홍성광 옮김, 《쇼펜하우어의 행복론과 인생론》, 을유문화사, 2013년
- 아르투어 쇼펜하우어 지음, 홍성광 옮김, 《의지와 표상으로서의 세계》, 을유문화사, 2009년
- 알랭 드 보통 지음, 박중서 옮김, 《프루스트가 우리 삶을 바꾸는 방법》, 청미래, 2010년
- 알랭 드 보통 지음, 정명진 옮김, 《철학의 위안》, 청미래, 2012년
- 알랭 드 보통 지음, 정영목 옮김, 《불안》 알랭 드 보통, 은행나무, 2011년
- 에리히 프롬 지음, 황문수 옮김, 《사랑의 기술》, 문예출판사, 2006년
- 에피쿠로스 지음, 오유석 옮김, 《쾌락》, 문학과지성사, 1998년
- 엘리자베스 파렐리 지음, 박여진 옮김, 《행복의 경고》, 베이직북스, 2012년

- 오쇼 라즈니쉬 지음, 석지현 옮김, 《명상비법》, 일지사, 1992년
- 올리버 제임스 지음, 윤정숙 옮김, 《어플루엔자》, 알마, 2009년
- 윌 듀런트 지음, 정영목 옮김, 《철학 이야기》, 봄날의책, 2013년
- 정태혁 지음, 《명상의 세계》 정신세계사, 2004년
- 존 로빈스 지음, 김은령 옮김, 《존 로빈스의 인생혁명》, 시공사, 2011년
- 파드마 삼바바, 류시화 옮김, 《티베트 사자의 서》, 정신세계사, 1995년
- 프리드리히 니체 지음, 홍성광 옮김, 《차라투스트라는 이렇게 말했다》, 펭귄 클래식코리아, 2009년
- 플라톤 지음, 천병희 옮김, 《고르기아스 프로타고라스》, 숲, 2014년
- 플라톤 지음, 천병희 옮김, 《국가》, 숲, 2013년
- 플라톤 지음, 천병희 옮김, 《소크라테스의 변론 / 크리톤 / 파이돈 / 향연》, 숲, 2012년
- 한병철 지음, 김태환 옮김, 《피로사회》, 문학과지성사, 2012년
- 헤르만 헤세 지음, 김지선 옮김, 《헤르만 헤세의 독서의 기술》, 뜨인돌, 2006년
- 헨리 데이빗 소로 지음, 강승영 옮김, 《월든》, 은행나무, 2011년

- Alexander Nehamas, *Nietzsche: Life as Literature*, Harvard University Press, 1985
- Hugh Feiss, *Essential Monastic Wisdom*, HarperOne, 1999
- Saint Thomas Aquinas, Translated by John A. Oesterle, *Treatise on Happiness*, University of Notre Dame Press, 1983

- http://faculty.cua.edu/pennington/churchhistory220/Lecture13/MachiavelliStudy.htm
- http://weekly.chosun.com/client/news/viw.asp?ctcd=C04&nNewsNumb=002181100012

- http://news.mk.co.kr/newsRead.php?year=2014&no=6787
- http://www.yahoo.com%2Fuser%2F792994%2Fsivaramakrishnan_ananthanarayanan.html
- http://www.bartleby.com/268/2/12.html

시대의창이 '좋은 원고'와 '참신한 기획'을 찾습니다.

나무에는 결이 있습니다.
나무로 만든 책에도 결이 있습니다.
외형에만 그것이 있는 것이 아닙니다.

글자가 어울린 문장에도,
문장과 문장 사이의 여백에도 결이 있습니다.

이것은 책의 지문입니다.
작가의 땀과 열정이 몸부림친 흔적입니다.
조금씩 어긋나는 세상에 외치는 일갈입니다.
그리고 우리네 삶의 기록입니다.

세상을 비추는 창,
세상을 찌르는 창,
세상을 노래하는 창,
시대의창과 함께
독자에게 오래도록 남을 지문을 가진
땀과 열정으로 가득한 원고와 기획을 찾습니다.

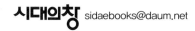 시대의창 sidaebooks@daum.net